Constitucionalização do Direito Internacional para a formação de uma comunidade sul-americana de Estados

José James Gomes Pereira

Constitucionalização do Direito Internacional para a formação de uma comunidade sul-americana de Estados

GZ
EDITORA
Rio de Janeiro
2016

1ª edição – 2016

CIP – Brasil. Catalogação-na-fonte.
Sindicato Nacional dos Editores de Livros, RJ.

P492c

Pereira, José James Gomes
Constitucionalização do direito internacional para a formação de uma comunidade sul-americana de estados / José James Gomes Pereira. - 1. ed. - Rio de Janeiro: LMJ Mundo Jurídico, 2016.
162 p.; 23 cm.

Inclui índice
ISBN 978-85-62027-98-7

1. Direito internacional. I. Título.

16-36339

CDU: 341:347.9

contato@editoragz.com.br
www.editoragz.com.br

Av. Erasmo Braga, 299 – Sala 202 – 2º andar – Centro
CEP: 20020-000 – Rio de Janeiro – RJ
Tels.: (0XX21) 2240-1406 / 2240-1416 – Fax: (0XX21) 2240-1511

Impresso no Brasil
Printed in Brazil

AGRADECIMENTOS

A meus pais
Manoel Alcides Pereira - *In memoriam.*
e Maria da Graça Gomes Pereira.

A minha Mulher
Sônia Maria Rodrigues de Sousa Pereira
pelo incentivo, apoio, parceria e plena amizade.

A meus filhos
Lia Rachel, Léa Beatriz e James Segundo (*In memoriam)*
fontes de inspiração constante, alegrias, e saudade

A meu neto
James III, fonte de inesgotável alegria.

Aos Drs. Benedito de Sousa Barbosa e Nelson Nery Costa,
pela colaboração prestada na consecução deste projeto.

PREFÁCIO

Introducción para el libro de **JOSÉ JAMES GOMES PEREIRA**

Esta obra es el resultado del gran espíritu investigador, en el intento de plasmar en el sendero del derecho, la formación de una Comunidad de Estados Sudamericana, con reglas jurídicas comunes a los Estados miembros, creando una amplia estructura para el funcionamiento y desarrollo, con el perfil de supranacionalidad.

La puesta en marcha de este proyecto, si bien se encontraba en el pensamiento, se ahonda y profundiza a través de su recorrido por el doctorado en Ciencias Jurídicas y Sociales de la Universidad del Museo Social Argentino, y con mayor ahínco a posteriori, transitando el amplio camino de la investigación, del conocimiento, de la reflexión, y buscando el objetivo de una mayor, y mejor visión sobre el estudio histórico-jurídico-constitucional de una Comunidad política, con aspectos supranacionales.

En la presente Gomes Pereira, profundiza aspectos del saber jurídico, en especial con repercusiones desde el ángulo doctrinario, legislativo y jurisprudencial, señalando la importancia de una legislación y normativas exclusivas e imperativas.

El lector, podrá tomar conocimiento y vislumbrar un enfoque sobre Bloques Regionales, transitando Zonas como Libre Comercio, Uniones Aduaneras, Mercados Comunes, e Integración Económica y Política, con connotación en la CEPAL, ALALC, la ALADI, la Organización Mundial de Comercio (OMG), la Organización de Estados Americanos (OEA), la UNASUR, la Unión Europea y el Mercosur.

Entiendo que el desarrollo de ésta investigación, de incursionar en las apreciaciones de las capacidades jurídicas, es de una importante exploración, y de una agradable lectura para todos aquellos interesados en las problemáticas del derecho de la integración.

Es muy augurioso profundizar en éste campo y felicito al autor por su tenacidad y convicción en sus posturas doctrinarias, y alentamos la prosecución de sus proyectos.

Jorge Horacio Schijman

Doctor en Ciencias Jurídicas y Sociales - UMSA

PREFACIO

RESUMO

José James Gomes Pereira[1]

No vertente estudo analisam-se os meios que possibilitam a formação de uma comunidade sul americana de nações, adotando como marco teórico o direito social com ênfase na doutrina filosófica e sociológica que justificam a integração entre povos de diferentes nações soberanas. Em destaque o ensinamento de Marcelo Pupe Braga[2], ao enfatizar que o Direito Comunitário é o conjunto de normas jurídicas e princípios que as hierarquizam e coordenam coerentemente, que regulam as relações entre Estados soberanos e Organizações Internacionais, provenientes dos organismos instituídos pelos Estados integrados em um bloco regional, pelos quais a exclusividade estatal da criação e aplicação do Direito é outorgada aos entes criados por esses países. Em seu núcleo central se questiona a formação de um espaço sul-americano com a construção de um bloco coeso, tendo a integração das infraestruturas como motor de um projeto integracionista que somente subsistirá mediante a elaboração de uma constituição plurinacional que enalteça o princípio democrático como base de formação. Destaque-se que a iniciativa para a integração física da América do Sul faz parte de um movimento que vem desde o início da década de 1990, quando se processa uma mudança na referência regional da identidade internacional emergindo a ideia de coexistência de uma "sul-americanidade" em substituição ao conceito de América Latina, que perdia o sentido no cenário internacional do pós-Guerra Fria. Com esse escólio faz-se com a perspectiva de complementaridade avaliando os fenômenos gerais até o seu alcance a casos específicos, como

---

1 PEREIRA, José James Gomes. Bacharel em Direito pela Universidade Federal do Piauí. Curso de Formação de Oficiais pela APMPE em Paudalho, Pernambuco. Especialista em Processo Penal pela Universidade Federal do Ceará. MBA em Gestão Judiciária. Mestre em Direito pela Universidade Católica de Brasília - UCB. Magistrado do Tribunal de Justiça do Piauí. Professor Universitário.

2 BRAGA, Marcelo Pupe. Direito internacional. São Paulo: Forense, 2009, p. 4/5

os fenômenos naturais e humanos para ao final concluir pela formação da comunidade sul americana plena com a elaboração de uma constituição endereçada a todos os Estados membros. Palavras Chaves: União sul americana de nações. Constituição. Integração. Princípios jurídicos. Unidade.

SUMÁRIO

INTRODUÇÃO

As transformações sociais minadas no decurso do tempo, sobretudo nos campos econômico, político e jurídico, acentuadas pelo progresso dos meios de transportes e comunicações afasta paulatinamente a humanidade de sua comunidade natural para a formação de uma sociedade internacional, de natureza artificial, resultando na formação de uma comunidade ampla, conhecida como globalização.

Não obstante essa premissa, o objetivo do presente trabalho consiste na defesa da unidade sul-americana de nações coexistindo com os Estados nacionais, mediante a formulação de princípios e normas regentes emanados de uma Constituição elaborada por uma assembleia internacional constituinte formada por parlamentares representantes dos Estados. Somente assim, se torna possível a formação de uma comunidade sul-americana de nações, uma vez que considerada a relevância da democracia para a formulação de políticas consistentes para a manutenção da unidade entre os Estados-membros.

Deveras, o avanço da comunidade interna de um país para a sociedade internacional se mantém apenas pela celebração de acordos e tratados, evidenciando-se um superficialismo social que não guarnece raízes intrínsecas entre as comunidades nacionais, afastando-se das peculiaridades do ser humano – sua cultura, seus valores éticos e morais, entre outras peculiaridades.

Mesmo assim, em razão da internacionalização das relações sociais, as Constituições nacionais fizeram inserir o princípio da interdependência nacional, cujo objeto, de acordo com a Constituição brasileira é a formação de uma comunidade latina americana de nações.

Com esse propósito os Estados que compõem o território sul-americano, em razão de suas autodeterminações, também, estampam princípios guarnecedores de suas integrações. No entanto, cada um desses Estados defende a independência que corresponde à soberania nacional e a não submissão a qualquer outro Estado.

À vista disso, a possibilidade de formação da comunidade sul-americana de nações somente subsistirá se houver a elaboração de uma constituição una capaz de agregar os Estados integrantes desse território, uma vez que a norma constitucional, dada a sua força jurídica e política é quem deve orientar a busca pela realização dos fins dos Estados-Nação na formação da comunidade sul-americana, pois, só assim se compreende a integração regional como meio capaz de trazer vantagens aos países membros, visando, sobretudo, a emancipação e progresso da humanidade.

Aliás, a constitucionalização dos princípios regentes das relações internacionais por meio de uma constituição una, no caso, tende a adaptar as Constituições à ordem jurídica internacional sobrepondo-se à ordem jurídica interna. Com esse escopo, os princípios insertos na Carta Política de cada Estado constituem as bases do ordenamento jurídico enquanto disposição fundamental para sua coesão, vigor e legitimidade.

Desse modo, os princípios constitucionais de integração dos Estados materializam-se pelas valorações políticas basilares do legislador constituinte, funcionando como critérios de interpretação, integração e coerência do sistema como um todo.

A Carta Política brasileira traz em seu texto os princípios norteadores para a integração do país no cenário internacional, de sorte que aos demais países da América do Sul se faz imprescindível que disponham de instrumentos jurídicos que viabilizem essa integração.

Se considerarmos que a integração nacional foi inserida na Ordem Constitucional como norma programática, tal integração se torna relativa na medida em que as fronteiras do país ficam fechadas às influências de interesses de outros Estados.

Diante disso, é curial que a ordem jurídica seja *in abstrata*, de modo a abarcar todos os agentes detentores de personalidade jurídica em qualquer dos Estados integrantes da unidade, com prevalência do interesse geral sobre interesses específicos de cada Estado.

O art. 4º, da Constituição Federal brasileira consagra a noção de independência que corresponde à soberania nacional e à não submissão a qualquer potência estrangeira (inciso I). Destaca a prevalência dos direitos humanos remetendo à ordem jurídica nacional voltada à proteção de indivíduos (inciso II). Questiona-se se há ambiguidade entre os princípios elencados quando se evoca o escopo de harmonia para solucionar pacificamente os conflitos relativos à independência nacional (inciso VII). O repúdio ao terrorismo muitas vezes não caminha com a paz (inciso VIII). Igualdade entre os Estados (inciso V), que nem sempre se verifica em razão do desenvolvimento de cada uma das nações.

Note-se que no contexto internacional o Brasil se enquadra na ordem mundial com uma Constituição analítica, rígida e marcada por princípios dos quais podem se contradizer ou se esvair em insuficiência, ameaçando o correto direcionamento da política externa do país. Exorta, ainda, referido dispositivo, no seu Parágrafo Único que 'A República Federativa do Brasil buscará a integração econômica política, social e cultural dos povos da América Latina, visando à formação de uma comunidade latino-americana de nações'.

Com base nesses pressupostos é de se concluir que a existência da comunidade sul americana depende de suporte jurídico capaz de manter a unidade e nesse compasso, em relação ao processo de inclusão do Brasil no contexto internacional, delineia-se, no tempo, um processo gradativo de implementação de objetivos que, de uma fase transitória, desloca-se paulatinamente para a fase definitiva.

Nesse jaez, evidentemente, a renovação é constante, pois atingido um patamar passa-se a colimar o próximo dentro de uma ótica pautada nos princípios da gradualidade, flexibilidade, equilíbrio e, principalmente, a reciprocidade.

Com base nesses pressupostos e não obstante a distribuição geográfica dos países sul americanos, esses Estados possuem fortes laços históricos e culturais. No entanto, deixa a desejar a ausência de unidade, o convívio fraterno entre si verificado ao longo dos anos, embora tendo esses países a língua latina (espanhol, francês e português), herança da colonização europeia, como elemento de coesão desses Estados

Porém, não só o idioma aproxima ou afastam esses países. O que mais se destacam são as profundas desigualdades sociais e a marcante instabilidade política e econômica da região que também aproximam ou afastam os *hermanos*.

Nada obstante os problemas indicados, os países latino-americanos têm demonstrado sólida integração intra e extra fronteira a exemplo do Mercado Comum do Sul. Essa unidade, incomum em outras partes da terra é de tal modo responsável pela própria noção de latinidade. E mais, ela consolidou a convivência majoritariamente pacífica ao longo dos anos entre vizinhos fronteiriços.

Assim, admitir eventual secessão territorial no âmbito de Estado pertencente à comunidade sul-americana de nações seria um atentado à história e às boas relações de convivência na região. Isso sem mencionar o grave precedente que essa prática poderia ensejar.

Com efeito, a união dos Estados sul americanos depende do estabelecimento de princípios e normas reguladoras capazes de fortalecer a unidade, imantando os Estados contra possíveis movimentos que irrompam a união no contexto regional.

É cediço que a integração entre os diversos países do mundo não se trata de situação contemporânea. No entanto, as características atuais são peculiares e necessárias.

Assim, interessa para este trabalho as variáveis benéficas nos campos político e jurídico, considerando os aspectos, cultural, científico, sociológicos e, sobretudo, dos direitos humanos, do meio-ambiente e da paz mundial, pela qual tanto pugnaram os iluministas, levando à relativização das soberanias nacionais e à primazia do direito internacional.

Por outro lado, não se pode afastar a mundialização da economia, por não se tratar de situação episódica ou fugaz, porquanto suas consequências se tornam preocupantes para a manutenção do Estado. Cogita-se de um *homo globalizatus*, significante de viragem cultural positiva ou de superação de paradigmas.

Em razão das interações econômicas, sociais e comerciais entre as diversas regiões da terra, exsurge um otimismo pelo qual se enxergam superações de desigualdades mundiais, a exemplo da divisão entre países do norte e países do sul, ou a realização de um sistema racional que leve ao bem-estar de todas as regiões, determinado pelos interesses dos habitantes e não dos lucros ou da guerra, porquanto, o que se vê é o crescimento da concentração de poder empresarial, em escala planetária impressionante, no qual os valores hegemônicos são ditados pelos interesses das grandes corporações empresariais, com força econômica e *law making power* superiores ao da maioria dos países.

Evidencia-se que, nos dias atuais, prepondera o fator econômico representado, sobretudo, pela força das empresas transnacionais com repercussão no campo jurídico, situação que causa espécime, revelando perplexidades e dificuldades ainda não totalmente apreensíveis, pois está em jogo o próprio Estado nacional e o direito que se desenvolveu em seu seio nos últimos anos. Todavia, a globalização econômica não está vindo secundada pela globalização política, porquanto revela a inexistência de ordem jurídica internacional suficientemente forte para contê-la nos limites da razoabilidade.

A esse respeito, de modo astuto observou Eric Hobsbawm[1], *litteris*:

> É nesse contexto que devemos nos perguntar sobre as consequências do enfraquecimento do Estado nacional. Será algo bom ou ruim? Ainda não sabemos. Mas é certo que os Estados nacionais não podem ser ignorados, e não podemos examinar o mundo como se não existissem ou não fossem importantes, pois não há nada além deles no campo da política. Atualmente, é simplesmente inexistente a possibilidade de que uma única autoridade global desempenhe um papel político e militar efetivo.

O propósito da integração econômica é transformar o globo terrestre em um imenso e único mercado, sem contemplação de fronteiras e diferenças nacionais e locais. Tende a uma padronização e uniformização de condutas, procedimentos e relevâncias relativamente aos objetivos de maximização econômica e de lucros, a partir dos interesses das nações centrais e empresas transnacionais que, efetivamente, controlam o poder econômico mundial, sem precedentes na história.

Todo o aparato legal que se constituiu em torno do Estado social[2], densificando os princípios e regras constitucionais, tem sido

---

1 Eric John Earnest Hobsbawm, Tradução: José Viegas Filho, *Globalização, democracia e terrorismo*, 2007, Cia. das Letras.

2 Entende-se por Estado social, no plano do direito, todo aquele que é regido por uma Constituição que regule a ordem econômica e social. Nesse

desafiado pela globalização econômica. O desafio apresenta-se sob dois aspectos principais: o primeiro, vem em forma de pressão para remoção ou aviltamento dos direitos sociais e de redução substancial do sistema legal de intervenção e controle da ordem econômica, sob pena de retaliações difusas ou diretas, inclusive de recusa de investimentos ou saída de capitais do país; o segundo, pela desconsideração do direito nacional ou sua utilização, naquilo que convém. Ambos levam ao notável enfraquecimento do direito nacional, que se torna impotente para fazer face a eles.

A remoção do Estado social, ou sua substancial redução, é a consequência lógica da integração econômica, pois esta é naturalmente excludente, na medida em que o garantismo legal dos interesses dos mais fracos dificulta sua expansão.

Niklas Luhmann[3], um crítico tenaz do projeto do Estado social (para ele irrealizável), reconhece que "a realização do princípio da inclusão no âmbito funcional da política tem como consequência o trânsito ao Estado de Bem-Estar Social" pois este, em suma, é "a realização da inclusão política".

A inexistência de uma ordem jurídica internacional, mercê de ausência da globalização política, tem estimulado as empresas transnacionais a assumirem esse papel, em seu interesse, como ocorreu com a tentativa, felizmente fracassada, de um Acordo Multilateral sobre Investimentos, mediante o qual seriam dotadas de direito unilateral de processarem diretamente Estados que adotassem políticas prejudiciais a seus lucros. Se a ideia tivesse

sentido, substituiu o Estado liberal, cuja constituição voltava-se à delimitação do poder político ou à organização política e à garantia dos direitos individuais, deixando a ordem econômica à "mão invisível" do mercado. Assim, o Estado social caracteriza-se por estabelecer mecanismos jurídicos de intervenção nas relações privadas econômicas, nas dimensões legislativa, administrativa e judicial, para a tutela dos mais fracos, tendo por objetivo final a realização da justiça social. Pontificou, incontestado, desde as Constituições mexicana de 1917 e alemã de 1919 até o início da década de oitenta do século vinte, quando passou a sofrer o assalto crescente do neo-liberalismo, patrocinado pelas nações centrais, e da globalização econômica, amplificada pela revolução da informática.

3 Niklas Luhmann: A nova teoria dos sistemas. Org. C. E. Baeta Neves e E. M. Barbosa Samios. Porto Alegre, Ed.da Universidade / UFRGS, 1997.

prosperado, as empresas transnacionais seriam equiparadas aos próprios Estados.

O meio mais eficiente de desconsideração do direito nacional é o da utilização massificada de condições gerais dos contratos. Sob a aparência de contrato, esconde-se um impressionante poder normativo, dificilmente revelável, que ostenta características assemelhadas às da lei.

A lei, no Estado moderno, ostenta características que a distanciam de qualquer ato de particulares ou de grupos. São eles: a generalidade, a abstração, a uniformidade e inalterabilidade.

As condições gerais dos contratos apresentam as mesmas características. São gerais, porque se aplicam a todos os destinatários, sem individualização. São abstratas, porque são predispostas para regerem situações futuras, e não à situação concreta e determinada. São uniformes, porque padronizadas para utilização com todos os que necessitarem dos produtos ou serviços fornecidos. São inalteráveis, porque insuscetíveis de negociação individual com cada interessado. Quem edita a lei é um ente neutro, a saber, o Estado, poder político legitimado pela coletividade. Quem edita ou predispõe as condições gerais é a parte interessada.

Com essa acepção a unidade sul América orientada por uma constituição una assegura as condições gerais, conquanto, conquanto se revela como o mais eficiente instrumento do poder normativo que dispensam ou tangenciam os direitos nacionais que desejam ser satisfeitos.

A integração dos países sul americanos para sua subsistência deve potencializar esse poder normativo, que ultrapassa fronteiras, uma vez que neles coexistem as empresas transnacionais que utilizam as mesmas condições gerais emanadas de suas sedes, em todos os países onde fornecem produtos e serviços.

Isso se torna evidente quando as multinacionais em suas negociações, de modo geral, tangenciam ou desconsideram os sistemas de garantias dos direitos locais, ou pressionam fortemente para mudá-los.

O presente estudo analisa os meios que possibilitam a Integração Regional Sul-americana no contexto da atual política exterior dos Estados nacionais.

Com esse propósito a formação de um espaço sul-americano visando à construção de um bloco coeso, desafia o processo de integração das infraestruturas como motor de um projeto integracionista de maiores ambições.

Vale destacar que a iniciativa para a integração física da América do Sul faz parte de um movimento que vem desde o início da década de 1990, quando se processa uma mudança na referência regional da identidade internacional do Brasil. Assumia-se e incentivava-se uma américa do sul que vinha substituir o conceito de América Latina, que perdia o sentido no cenário internacional do pós-Guerra Fria.

Ao propor a realização da Cúpula Sul-americana, Fernando Henrique Cardoso[4] valoriza o conceito de América do Sul no lugar do conceito da América Latina. Segundo o próprio Cardoso, a Cúpula seria o espaço de "reafirmação da identidade própria da América do Sul como região".

Celso Lafer[5] refere-se à ideia de que, com a reunião de cúpula dos presidentes sul americanos, estar-se-ia convertendo um espaço num projeto voltado para organizar em outro patamar a convivência sul-americana. Na visão de Lafer[6], "para o Brasil, a América do Sul não é opção e, sim, para falar com Ortega y Gasset, a 'circunstância' do nosso *eu* diplomático".

Nesse sentido, a reunião assumiria o propósito de ampliar a capacidade dos países da região no encaminhamento do desafio do desenvolvimento.

Para a consecução e abordagem deste ensaio utilizar-se-á de bibliografia especializada que, servindo-se do método dedutivo, proceder-se-á com a avaliação dos fenômenos gerais até o seu alcance ao caso específico, avaliando-se os fenômenos naturais e humanos. Em seguida, caso constatado colisão entre normas internas brasileiras e normas originárias de um dos países da comunidade, servir-se-á do método comparativo, sem prejuízo da

---

4 CARDOSO, Fernando Henrique. *O* Brasil e uma nova América do Sul. *Valor Econômico*, 30 de ago 2000, p. 52.

5 LAFER, Celso. *A identidade Internacional do Brasil e a política externa brasileira: passado, presente e futuro*. São Paulo: Perspectiva, 2001. p. 56.

6 Idem ob. Cit, p. 56.

utilização de outros meios que venham a corroborar com o desenvolvimento do presente trabalho.

Destaque-se que o método de procedimento concernente à investigação dessa tese foram utilizados os aspectos históricos, político e jurídicos, relevante para a compreensão da formação da comunidade sul-americana de Nações. Para tanto se destaca que a viabilização e subsistência da integração Sul-Americana depende da existência de suportes jurídicos comuns aos Estados que somente serão obtidos mediante amplo debate, por meio de uma assembleia internacional constituinte formada por representantes de cada uma das nações envolvidas, com o propósito de estabelecer os princípios norteadores das relações mantidas pelos Países integrantes da comunidade.

CAPÍTULO 1

PRINCÍPIOS BASE PARA A FORMAÇÃO DA COMUNIDADE INTERNACIONAL

A princípio, para melhor compreensão do presente trabalho, na primeira ordem das reflexões, torna-se imperativa a análise do direito de integração com uma abordagem história da formação das comunidades interna e extra nações. Nesse contexto, oportuna a lição do mestre MARCELO PUPE BRAGA[1] (2009:4-5) ao afirmar que a comunidade tem como fonte um vínculo subjetivo (amizade, religiosidade, vizinhança), que dá origem a uma relação espontânea e de confiança entre os que a integram, havendo, segundo o autor, mais elementos de agregação do que elementos de separação, a exemplo do alinhamento de valores e interesses recíprocos entre seus membros, que se mostra superior a divergência.

Ao contrário da comunidade, BRAGA[2] observa que a sociedade não tem suas fontes no mesmo vínculo subjetivo e espontâneo que forma a primeira, senão na vontade dos membros que dela participam, a qual se forma, não pela presença de elementos de agregação ou integração, mas, marcadamente, pela sobreposição dos elementos de separação, já que se verifica uma maior divergência de valores e interesses.

A doutrina mais aceita tem afirmado que os Estados se unem uns aos outros por força de interesses próprios, independente de existir um vínculo subjetivo. Na verdade é o que se observa no âmbito da Organização das Nações Unidas que objetiva a manutenção da paz e segurança internacional e, da mesma forma, no âmbito da Organização Mundial do Comércio que visa a regulação

1 BRAGA, Marcelo Pupe. Direito internacional. São Paulo: Forense, 2009, p. 4/5.

2 Idem, ob. Cit. p. 5.

do comércio internacional, incentivando os Estados a firmarem acordos específicos, além de manter um sistema de solução de controvérsias em matéria de comércio internacional.

Diante disso, é possível caracterizar as relações estabelecidas entre os Estados sul americano como uma comunidade ou uma sociedade internacional? A integração política e jurídica se constituirá em elementos de integração ou de separação?

Desde os primórdios da humanidade os povos de diversas nações buscam a integração entre si, embora haja os obstáculos naturais, culturais e sociais, enfrentam as adversidades, unidos por objetivos comuns.

A formação da comunidade somente ocorre quando se busca objetivo comum evitando a frustração das expectativas democráticas insistindo, para tanto, na prevalência da justiça e pela real efetividade dos direitos fundamentais, buscando estratégias variadas, visando o estabelecimento de uma sociedade onde prepondera a dignidade, a liberdade, a igualdade, a solidariedade e a felicidade, valores consagrados pela primeira Declaração de Direitos da América.

Por esse movimento histórico e paradigmático de proporções universais o Estado entra em cena por meio de seus Poderes adotando ações para promoção da democracia e, via reflexa, pela visibilidade dos direitos constitucionais suso mencionados.

Nesse diapasão o Poder Judiciário, nos Estados democráticos, constituído como guardião da *lex magne*, no Brasil, o Supremo Tribunal Federal, invocando o preceito democrático, no campo das políticas pública, posiciona-se pela distribuição de medicamentos, a concessão e terapias e tratamento experimentais, até mesmo no exterior, posturas proativas e revolucionárias que possibilitam o efetivo acesso à Justiça como princípio. Porém, diante desse novo cenário, ouve-se uma voz que clama pela unidade dos povos para a manutenção da paz.

Modernamente têm sido utilizadas as expressões comunidade internacional e sociedade internacional como sinônimas, quando, pelo contrário, elas trazem significados diferentes. Max Weber[3] já

3 Max Weber foi um importante sociólogo, jurista, historiador e economista alemão. Weber é considerado um dos fundadores do estudo sociológico moderno.

dizia que as relações estabelecidas entre grupos sociais os levam à construção de uma comunidade ou de uma sociedade.

Há que se destacar que o crescente fenômeno da integração entre as nações traz elementos de agregação e de separação, que, por vezes, uns se sobreporão sobre os outros de modo a tornar visível distinção entre comunidade e sociedade internacional.

Os Estados vivenciam atualmente um período de transformações nos mais diversos setores, especialmente na área econômico-jurídica. Nesse campo, uma nova ordem mundial já experimenta um crescimento sem precedentes do comércio internacional e do fluxo dos investimentos feitos além das fronteiras nacionais, impondo à nações um intenso relacionamento, seja no âmbito mundial, através do processo na Organização Mundial do Comércio (OMC), seja no âmbito regional, através dos processos de integração, a exemplo da formação dos blocos econômicos, como o MERCOSUL.

A regulamentação desses processos de cooperação e interação dos Estados exige do Direito a criação de sistemas normativos em novas bases, de cunho equitativo e funcional.

Começa, assim, a tomar corpo o direito da integração – ramo do direito internacional que se preocupa com a regulação dos processos de integração.

A par disso, a criação de blocos regionais se mostra como uma tendência que vem se consolidando ao longo dos últimos anos.

O país que se integra ganha peso internacionalmente, pois passa a negociar como bloco diante de outros blocos.

A doutrina conceitua integração como um processo mediante o qual dois ou mais governos adotam, com o apoio de instituições comuns, medidas conjuntas para intensificar sua interdependência e obter assim benefícios mútuos.

A integração pode ser política ou econômica, sendo esta última a mais encontrada na prática, sendo, porém, inevitável repercussão política e jurídica.

Assim, o MERCOSUL, resultado de um esforço de integração econômica se mostra, também, como um projeto de aproximação política no Cone Sul do continente americano.

Nos organismos de integração, evidentemente, o Estado não aparece como agente monolítico como nas Organizações intergovernamentais; a participação da sociedade civil organizada é mais visível.

Desse modo, os Estados vão enfraquecendo e virtude da porção de pode que transferem aos organismos de integração. O processo integrativo, pois, é mais complexo e acaba repercutindo na vida dos indivíduos, a exemplo do que ocorre na União Europeia, que já tem instituições unificadas. A tendência é a formação de blocos em torno de grandes mercados, sua consolidação e expansão, como é o caso dos Estados Unidos da América.

Nesse ponto, JAMESON[4] (2000) levanta duas questões fundamentais: "Pois quando falamos de poder de expansão e influência da globalização não estamos na verdade nos referindo à expansão da potência econômica e militar dos Estados Unidos? E ao falar do enfraquecimento do Estado-nação não estamos de fato descrevendo a subordinação dos outros Estados-nação ao poderio americano, seja por consentimento e colaboração, seja pelo uso da força bruta e da ameaça econômica?"

E mais: que tipo de autonomia nacional perde as outras nações sob essa nova ordem mundial?

O Estado-Nação teve sua origem na ideia de homogeneidade (cultural e linguística, por exemplo), que resultou numa consciência nacional do povo e produziu um novo elo entre pessoas que até então, eram estranhas umas as outras, pelo qual os indivíduos ganharam o status de nacional.

Hoje, observa-se a existência em escala mundial de sociedades pluralistas, que se afastam da formação originária do Estado-nação fundado em uma cultura homogênea, para ceder espaço à formação de sociedades multiculturais.

Nesse ponto, os próprios cidadãos, nas palavras de JÜRGEN HABERMAS[5] (1995:88) percebem a importância da preservação do nacionalismo formado por uma nação real de pessoas diferentes, "elas percebem que, para preservação e o aprimoramento das condições necessárias para as formas de vida escolhidas por

---

4 JAMESON, Fredric. Globalização e estratégia política. Publicado originalmente em New Left Review, n. 4 (segunda edição), julho-agosto de 2000 e traduzido por Heloísa Buarque de Almeida em novembro de 2001.

5 HABERMAS, Jürgen. O Estado-nação europeu frente aos desafios da globalização. O passado e futuro da soberania e da cidadania. Antônio Sérgio Rocha (trad.). Novos Estudos, CEBRAP, n. 43, novembro 1995, p. 88.

elas, a autonomia privada e a autonomia pública são mutualmente dependentes".

Habermas alerta que a existência atual de uma sociedade internacional implica na renúncia pela cultura dominante, como quer os Estados Unidos, à sua prerrogativa histórica de definir legalmente a identidade nacional que deve ser partilhada pelos indivíduos que a compõe, sem distinção de origem e modo de vida.

Sob esse aspecto, o Estado-nação se torna um elemento de separação para os demais Estados, especialmente aqueles de cultura oriental, uma vez que o sentimento de nacionalismo atual parece convergir para o respeito ao que é multicultural.

Assim, a integração política e econômica exige o incremento nos níveis de associação entre os países, com a reestruturação dos padrões jurídicos tradicionais, especialmente no que diz respeito à definição da soberania dos Estados-membros e o exercício da jurisdição de cada um deles.

A formação da comunidade sul americana é decorrência lógica do processo de integração iniciado pelos países europeus, em meados do século XX, cujo processo deu origem ao surgimento de um novo ramo das ciências jurídicas e sociais - o Direito Comunitário. Trata-se de uma área onde são dirimidas as dissensões provenientes do espaço intermediário do ente comunitário, que tem sua vida, seus problemas e suas próprias normas jurídicas. Afasta-se, pois, da esfera interna do Estado, assim como do seio da sociedade internacional no seu conjunto.

A otimização da integração de Estados soberanos, representado pela União Europeia, se deu com na consolidação do espírito de comunidade, ensejando o desenvolvimento do direito comunitário.

Segundo ensina Marcelo Pupe Braga[6], o Direito Comunitário é o conjunto de normas jurídicas e princípios que as hierarquizam e coordenam coerentemente, que regulam as relações entre Estados soberanos e Organizações Internacionais, provenientes dos organismos instituídos pelos Estados integrados em um bloco regional, pelos quais a exclusividade estatal da criação e aplicação do Direito é outorgada aos entes criados por esses países.

6 Idem ob. Cit. p. 8.

Na União Europeia, o primeiro e ainda único bloco comunitário, está consolidada a prevalência da regra comunitária no caso de conflito com norma interna de qualquer Estado-membro. Essa primazia do novo ramo jurídico se evidencia mesmo quando a regra interna conflitante tem status constitucional, o que seria inimaginável até o advento da comunidade juridicamente instituída.

As Constituições da maioria dos Estados que formam a União Europeia preexistiam às comunidades, algumas delas sofreram revisões a fim de se adaptarem ao ordenamento jurídico comunitário.

Habermas[7] sustenta que a globalização significa a remoção das fronteiras e, por isso, há uma constante ameaça para aquele Estado-nação que vigia diuturnamente suas fronteiras. A globalização pode, então, ser utilizada como veículo de expansão da consciência de um Estado fortemente armado quanto à ampliação de seu sistema político-econômico, como vem ocorrendo com os Estados Unidos.

Nesse ponto, a tendente globalização do modelo norte-americano põem em risco a soberania de outros Estados-nação, especialmente no aspecto econômico, pois, segundo observou Habermas[8], "os Estados são cada vez menos capazes de controlar as economias nacionais como se estas fossem sua propriedade exclusiva".

Acentue-se que durante a reunião de cúpula de 2000 realizadas entre os chefes de Estado dos países do cone sul foram tratados temas referentes à democracia; drogas ilícitas e delitos conexos; integração comercial; informação, tecnologia e conhecimento; e integração da infra-estrutura física. Nesse último ponto, foi criada a Iniciativa para a Integração da Infra-estrutura física Sul-americana – IIRSA, estabelecendo-se um prazo de dez anos como horizonte de ação para a implementação do processo de integração das infra-estruturas na região.

Ressalte-se que se examinarmos a agenda dos últimos anos, lembrando as conferências de cúpula mundiais organizadas pelas Nações Unidas – riscos ambientais no Rio, direitos humanos em Viena, problemas sociais e pobreza em Copenhagen, clima em Berlim –, certamente não teremos a impressão de que essa pu-

---

7 Idem, ob. Cit. p. 8

8 Idem, ob. Cit. p. 9

blicidade temporária, mesmo que em escala mundial, tenha um efeito imediato sobre os governos das grandes potências, principalmente os Estados Unidos, não podendo esquecer que os riscos anunciados são compartilhados por todos os Estados, cujo impacto ninguém escapará.

Dessa análise, o que se observa é que o fenômeno da integração se constitui em elemento de separação e não de integração de uma comunidade internacional, uma vez que a homogeneidade que outrora foi predominante na construção de um Estado-nação não mais existe, dando lugar às divergências de valores e interesses opostos dos Estados, que deverão promover uma ação política cooperativa, deixando transparecer as características de uma sociedade internacional.

Oportuno acrescentar que tal entendimento visa a compreensão da capacidade da Constituição de regimentar toda a sociedade da qual seja ela fruto, não se restringindo aos Poderes Públicos. Com esse entendimento, o eminente doutrinador Pedro Dallari assevera que:

> O equacionamento dos parâmetros de organização da sociedade insertos na Constituição – aí incluídos aqueles referentes às relações exteriores do país – guarda estreita ligação e tem certamente desdobramentos junto à ordem internacional[9].

Sendo assim, o movimento constitucionalista se desenvolve influenciado pelo processo espontâneo de globalização, aceitando as dimensões fáticas e jurídicas da interdependência internacional. Esse entrelaçamento internacional acaba por promover a abertura natural dos títulos constitucionais sob as influências externas, amenizando o caráter soberano incontroverso das Constituições. Nessa linha de pensamento, o português José Joaquim Gomes Canotilho ao asseverar que:

> A abertura internacional significa [...] a afirmação do direito internacional como direito do próprio país e o reconhecimento de alguns dos seus princípios ou regras como 'medida de justiça', vinculativa da própria ordem jurídica interna. [...] a abertura internacional aponta

9 Idem, op. cit. p. 12.

> para a indispensabilidade de os poderes públicos constitucionalmente competentes tomarem 'participação activa' na solução dos problemas internacionais (nas organizações internacionais, na defesa da paz e segurança internacionais, na defesa dos direitos humanos)[10].

Mesmo assim, conforme ensinamento de Canotilho há que se ressalvar o fato de que:

> A abertura internacional e a abertura da Constituição, não são uma abertura para 'qualquer' ordem internacional. Pelo contrário, é uma ordem internacional informada e conformada por determinados princípios [...] da Constituição da República. A ordem internacional e as relações internacionais devem assentar em princípios intrinsecamente justos: o princípio da independência nacional, o respeito do direito dos homens, dos direitos dos povos, da igualdade entre os estados, de solução pacífica dos conflitos internacionais, da não ingerência nos assuntos internos de outros Estados e da cooperação com todos os outros povos para a emancipação e progresso da humanidade. A ordem internacional e a ordem constitucional interna interactivamente abertas são 'ordens fundadas nos direitos humanos e nos direitos dos povos'[...], são 'ordens de paz' e de solução pacífica dos conflitos[11].

No que diz respeito aos princípios, insertos na Carta Política brasileira, é indiscutível a utilização destes como as bases de qualquer sistema, ou ordenamento jurídico, dando-lhe coesão, vigor e legitimidade. Por este ponto de vista pode-se delinear a importância que se conferiu aos princípios das relações internacionais do Brasil quando de sua presença explícita na Carta Magna. Estes princípios materializam as valorações políticas basilares do legislador constituinte, funcionando como critérios de interpretação, integração e coerência do sistema como um todo.

Dessa feita, a constitucionalização dos princípios regentes das relações internacionais atuam, nas palavras de Celso Mello (2000, p.36) como uma "tentativa de adaptar a Constituição à ordem jurídica internacional que se sobrepõe sobre ela".

---

10 CANOTILHO, José Joaquim Gomes. **Direito Constitucional**. 4. ed. Coimbra: Livraria Almedina, 2001, p. 363.

11 Idem, ob. cit. 364.

CAPÍTULO 2

SUBSTRATOS HISTÓRICOS DA INTEGRAÇÃO SUL AMERICANA

A integração sul americana fundada nos critérios econômico, social e político necessariamente atrai o aspecto jurídico que, por sua vez, assegura a unidade entre os povos da região.

No entanto, a unidade entre os povos, garantida por meio de normas legais depende da preexistência de unidade cultural, social, política e ideológica.

Com base nesses pressupostos, a integração dos países sul americanos encontra fundamento jurídico no estabelecimento de regra comum abarcando todas as unidades estatais da região, uma vez que a coesão dos estados sul americanos é consequência de longo processo fundado em normas programáticas de integração.

É certo que no início deste século, na América do Sul, se mostra com uma nova perspectiva com a eleição de governos identificados como de centro-esquerda em Estados como Venezuela, Chile, Brasil, Argentina, Uruguai, Bolívia, Equador e, mais recentemente, o Peru. Esse fenômeno veio coroar os esforços de estabilização e consolidação de regimes democráticos na região após longos períodos de instabilidade e de governos autoritários que se alternaram no poder ao longo de todo o século XX.

Evidencia-se um momento especial pelo qual passam os Estados sul americanos ao inaugurarem um novo discurso político acerca dos projetos de integração na região.

Os documentos oficiais passaram a declarar, reiteradamente, a necessidade de uma "integração alternativa" entre estes Estados.

Coexistem na América do Sul quatro organismos de integração regional: o MERCOSUL, formado por Brasil, Argentina, Uruguai, Paraguai e, em processo de incorporação, a Venezuela; a Comunidade Andina (CAN), cujos membros são Bolívia, Colômbia, Peru e Equador; a Organização do Tratado de Cooperação

Amazônica (OTCA), integrada pelo Brasil, Bolívia, Colômbia, Equador, Guiana, Peru, Suriname e Venezuela, e a recém-criada UNASUL, que além de todos os Estados supracitados, também incorporou, na qualidade de Membros efetivos, o Chile e o México. Realce-se que o Chile é também Estado associado tanto ao MERCOSUL como à CAN e nesta qualidade participa de ambos os foros de negociação.

Esse cenário de integração regional traduz e define a categoria central do Sistema-Mundo Moderno, conceito utilizado por Immanuel Wallerstein[1] para definir o sistema capitalista, que é justamente caracterizado pela conexão global entre os Estados por meio de relações comerciais.

O livre-comércio internacional, aliás, constitui o principal objeto das normativas emitidas pelos organismos econômico-financeiros multilaterais, tais como o Fundo Monetário Internacional (FMI), o Banco Mundial e a Organização Mundial do Comércio (OMC). No mesmo sentido, o direito criado pelos blocos de integração regional também priorizam as trocas mercantis entre seus membros. Desse modo, tanto as organizações internacionais econômicas de alcance mundial como aquelas de alcance regional correspondem, perfeitamente, à funcionalidade e à racionalidade dos mercados, reacomodando e estabilizando o sistema econômico surgido na modernidade europeia.

Mesmo assim, à vista do caráter sistêmico do direito da integração regional, ou do direito comunitário, na América do sul a integração regional incorpora elementos disruptivos ao modelo econômico vigente. Essa potencialidade substantiva de transformação é conferida pelo princípio da solidariedade e cooperação entre os Estados, que é juridicamente processado pela função de subsidiariedade da Comunidade em relação a seus Estados-Membros, ou seja, uma ação desencadeada quando estes, em razão de sua hipossuficiência, não puder suprir carências ou necessidades sócio-econômicas de forma adequada e suficiente, demandando a intervenção comunitária.

---

1 **Immanuel Maurice Wallerste** ***in*** Nova Iorque, 28 de setembro de 1930, é um sociólogo estadunidense, mais conhecido pela sua contribuição fundadora para a teoria do sistema-mundo.

É ressabido que a América do Sul foi inserida no sistema capitalista, como região colonial e, em razão desse fato, atualmente é constituída, em grande parte, por Estados economicamente vulneráveis. Essa situação, por si só, torna inviável um modelo de integração regional do tipo da União Europeia, criando a possibilidade dos Estados da região promover o que denominam como "integração alternativa".

De qualquer sorte, dúvidas não existem quanto à premente necessidade de união da América do Sul para que não se torne território aberto a disputa feroz pelos seus recursos naturais, no futuro que se apressa a chegar.

Ao lado da África, a América Latina sempre foi vista como um território de todos, menos de seus próprios habitantes.

Em nome da fé e da civilização, espanhóis e portugueses, holandeses e franceses, aqui chegaram para ocupar e dominar as civilizações existentes, como as andinas.

O continente americano, antes da chegada de Cristóvão Colombo, abrigava uma população de cinquenta a setenta milhões de habitantes que estavam relativamente integrados, sobretudo através das conquistas Astecas no sul da América do Norte e do avanço do império Inca na região Andina. Sabemos hoje também que a região amazônica integrava cerca de cinco milhões de habitantes e havia uma alta comunicação destes impérios no seu interior, entre eles e entre os povos que não estavam incorporados a eles.

A violenta colonização espanhola e portuguesa, além das incursões de outros centros imperiais europeus buscou administrar esta vasta região articulada demográfica, econômica, social e culturalmente sob uma direção única, ao mesmo tempo em que buscou reorientar suas economias para o mercado mundial em expansão nos séculos XV ao XVIII sob a égide do capitalismo comercial-manufatureiro.

Nas regiões de menor densidade das populações autóctones assistimos o fenômeno do comércio de escravos, trazidos da África em condições sub humana.

A luta pela libertação das Américas rompeu esta dimensão continental. As colônias inglesas conseguiram sua libertação já no século XVIII, inspiradas numa ideologia liberal e republicana que revolucionou o mundo no final do século, através da Revolução

Francesa e sua expansão por toda Europa e pelas suas colônias, particularmente no Caribe.

A onda democrática deflagrada pela Revolução Francesa chegou à América espanhola e portuguesa. A pesar de iniciar nas entranhas das colônias espanholas, os ideais revolucionários percorreu toda a região numa concepção unitária da qual Bolívar[2] foi o intérprete máximo. No Brasil com a vinda da corte Portuguesa em 1808 foi mantida a unidade em torno do príncipe português que declarou a independência.

Após o fim das guerras de independência, vários Estados soberanos surgiram nas Américas a partir das antigas colônias espanholas e portuguesa.

Destaque dos ideais de independência sul-americana, Simón Bolíver, imaginou várias uniões que assegurariam a independência da América espanhola para conseguir resistir às potências europeias, em especial a Grã-Bretanha, e à expansão dos Estados Unidos. Já em seu Manifesto de Cartagena de 1815, Bolívar defendia que as províncias espanholas americanas deviam apresentar uma frente unida contra o domínio espanhol, a fim de evitar uma possível e gradual reconquista, embora ele ainda não tivesse proposto uma união política de qualquer tipo.

Durante as guerras de independência, a luta contra a Espanha foi marcada apenas por um incipiente senso de nacionalismo. Não ficou claro o que os novos estados que substituíram a monarquia espanhola deveriam ser. A maioria dos que lutaram pela independência identificavam a América espanhola como um todo o seu local de nascimento, os quais se referiam como sua pátria[3].

---

2 Simón José Antonio de la Santísima Trinidad Bolívar y Palacios Ponte y Blanco (24 July 1783 - 17 December 1830) Simón Bolívar foi político e militar venezuelano que atuou de forma decisiva no processo de independência da América Espanhola. Bolívar foi de grande importância para a independência da Colômbia, Panamá, Perú, Equador, Bolívia e Venezuela. É uma das figuras históricas mais importantes da América Latina, considerado um herói revolucionário em grande parte do subcontinente. Em função de sua atuação militar e política na emancipação de vários países latino-americanos, ficou conhecido como "O Libertador". Atuou também como presidente de quase todos os países que ajudou a liberdar do domínio espanhol.

3 Chasteen, John Charles (2008). *Americanos: Latin America's Struggle for Independence*. Oxford University Press, 160-161. ISBN 978-0-19-517881-4.

Como Bolívar conquistou avanços contra as forças monarquistas, ele começou a propor a criação de vários Estados grandes e confederações, ou, ainda, de um Estado independente que incluísse toda a América espanhola e que Francisco de Miranda[4] chamava de "Colômbia", "Império Americano" ou "Federação Americana".

Em 1819, Bolívar foi capaz de criar uma nação chamada "Colombia" (hoje conhecida como Grâ-Colômbia) de várias províncias espanholas americanas e, em 1825, propôs a união com o Peru e ao Alto Peru em uma confederação ou em um Estado que ele sugeriu que se chamasse "Federação Boliviana" ou "União Boliviana" e que os historiadores chamam de "Confederação Andina", mas isso nunca aconteceu[5].

Outros grandes Estados que emergiram da desintegração da monarquiaespanhola também não conseguiram existir por muito tempo. A República Federal da América Central, criada a partir da antiga Capitania Geral da Guatemala, deixou de existir no ano de 1840.

As Provincias Unidas da América do Sul nunca foram viáveis e sofriam com uma quase constante guerra civil entre as províncias e a capital, Buenos Aires. A Argentina só se tornaria unida na década de 1850.

A tentativa de reunir as principais regiões do antigo Vice-Reino do Peru em uma Confederação Peru-Bolívia em 1836 caiu depois de três anos. Só o México, que constituia-se das áreas centrais do Vice-Reino da Nova Espanha, manteve-se como um estado fisicamente grande na América Latina.

A outra exceção regional era o Império Brasileiro, que declarou a independência do Império Português em 1822, exigindo o retorno do rei à Coroa portuguesa.

4 Miranda, Francisco de. "Proyectos constitucionales de Miranda" in Rudolfo Cortés, Santos (ed.) (1960). *Antología documental de Venezuela, 1492-1900: Materiales para la enseñanza de la historia de Venezuela*. Caracas, 163 OCLC 569544.

5 Bolívar to Antonio José de Sucre (1826) in Bolívar, Simon, Vicente Lecuna and Harold A. Bierck (1951). *Selected Writings of Bolívar*. New York: Colonial Press, 590-592, 633-634. OCLC 8633466.

Bolívar também propôs uma liga autônoma das repúblicas americanas recém-independentes dos espanhóis e para isso organizou o Congresso do Panamá em 1826, deixando de convidou o Brasil para o encontro, já que o país era uma monarquia e como tal via como uma ameaça à existência de novas repúblicas, e nem a Argentina, já que a região carecia de unidade política real para ser efetivamente representada.

Somente após ser pressionado, Bolívar convidou os estados Unidos para o congresso, mas um representante morreu a caminho e o outro chegou depois que as deliberações já haviam sido concluídas. A Grã-Bretanha se fez presente apenas como observador.

O congresso fez um projeto do "Tratado de União, Liga e Confederação Perpétua", um pacto de defesa e comércio mútuo, mas apenas a Grã-Colômbia o ratificou. A própria Colômbia se desfez do tratado em 1830. Devido a esses projetos fracassados, os políticos latino-americanos muitas vezes se referem à integração regional como um "sonho de Bolívar".

Decorridos mais de sessenta anos do Congresso do Panamá, um secretariado, o Escritório Comercial das Repúblicas Americanas, foi criado por 18 países da América em 1889, na Primeira Conferência Pan-Americana, com o objetivo de promover o comércio no Hemisfério Ocidental.

O Escritório Comercial começou a funcionar em 14 de abril de 1890. O departamento foi rebatizado para Escritório Comercial Internacional na Segunda Conferência Internacional de 1901-1902. Na Quarta Conferência Pan-Americana em 1910, o nome da organização foi mudado para a União das Repúblicas Americanas e o Escritório Comercial Internacional tornou-se a União Pan-Americana.

A experiência da Segunda Guerra Mundial convenceu governos de diversos países que a ação unilateral de uma nação não poderia garantir a integridade territorial das nações americanas em caso de agressão extra-continental, em especial de incursões soviéticas ou comunista.

Para enfrentar os desafios do conflito mundial no período da Guerra Fria e conter os conflitos no âmbito da América do sul, foi adotado um sistema de segurança coletiva, instituindo o Tratado Interamericano de Assistência Recíproca, popularmente conhecido como o Tratado do Rio, em 1947. No ano seguinte, durante a

Nona Conferência Internacional Americana, dirigida por George Marshall, então Secretário de Estado dos Estados Unidos, os 21 Estados-membros se comprometeram a combater o comunismo na América e transformaram a União Pan-americana na atual Organização dos Estados Americanos (OEA).

A transição da União Pan-Americana para a OEA foi considerada de grande valia, porquanto a nova entidade adotou uma política pacificadora com propósito de unificação a partir de dezembro de 1951.

No final do século XX, muitos líderes latino-americanos viram a necessidade de uma organização alternativa que não fosse dominada pelos Estados Unidos. A experiência de lidar com as insurgências comunistas na América Central durante os anos 1970 e 1980, através da criação do Grupo de Cartagena, que não inclui os Estados Unidos, inspirou a criação do Grupo do Rio, em 1986. O Grupo do Rio não criar um corpo de secretariado ou permanente e escolheu contar com cúpulas anuais de Chefes de Estado.

A América Latina também estendeu para a Europa, em particular aos ex-metrópoles coloniais, para criar outras organizações regionais baseadas em torno de idiomas e culturas comuns.

Em 1991, os governos do México, Brasil e Espanha organizaram a primeira Conferência Ibero-Americana de Chefes de Estado e de Governo, em Guadalajara, no México. O resultado foi a criação da Comunidade Ibero-americana de Nações, que tem cúpulas anuais entre os seus chefes de Estado.

A partir desses eventos evidencia-se um acentuado aumento das organizações regionais objetivando a unificação sul americana.

O comércio, assim como a política, também serviu como o principal objetivo em torno da criação de várias organizações exclusivamente latino-americanas a partir de meados do século XX.

Em 14 de outubro 1951, os governos de Costa Rica, El Salvador, Guatemala, Honduras e Nicarágua assinaram um novo tratado que criou a Organização dos Estados Centro-Americanos (ODECA) para promover a cooperação, integração e unidade região na América Central. Isto levou à criação do Mercado Comum Centro-Americano, o Banco Centro-Americano de Integração Econômica e a Secretaria de Integração Econômica Centro-Americana (Sieca).

Outros blocos comerciais regionais também foram criados neste período. A Associação Latino-Americana de Livre Comércio

(ALALC) foi formada pelo Tratado de Montevidéu em 1960, que foi assinado por Argentina, Brasil, Chile, México, Paraguai, Peru e Uruguai. Os signatários esperavam criar um mercado comum na América Latina e ofereceram descontos de tarifas entre os países membros. Seu principal objetivo era eliminar todos os direitos e restrições sobre a maioria do seu comércio dentro de um período de 12 anos. A ALALC entrou em vigor em 2 de janeiro de 1962[6].

Inspirado pelas Comunidades Europeias em 1980, a ALALC foi transformada na Associação Latino-Americana de Integração (ALADI) pelo segundo Tratado de Montevidéu para buscar o objetivo mais ambicioso de melhorar a economia e o desenvolvimento social da região, através da criação do mercado comum.

Em 1969, o Pacto Andino foi fundado por Chile, Bolívia, Peru, Equador e Colômbia. Em 1973, o pacto ganhou seu sexto membro, a Venezuela. Em 1976, no entanto, seus membros foram novamente reduzidos a cinco, quando o Chile se retirou. A Venezuela anunciou a sua retirada em 2006, reduzindo a Comunidade Antina para quatro Estados-membros. O nome da organização foi alterado para Comunidade Andina de Nações (CAN).

Em 1985, os presidentes de Argentina e Brasil assinaram o Programa de Integração e Cooperação Econômica Argentina-Brasil. Isto levou à criação do Mercado Comum do Sul (Mercosul) pelo Brasil, Paraguai, Uruguai e Argentina em 1991 para promover o livre comércio e o movimento fluido de bens, pessoas e moedas a exemplo da União Europeia. Em 1995, o México, a Colômbia e a Venezuela criaram o Acordo de Livre Comércio G3. A Venezuela deixou o G3 em 2006, ao mesmo tempo em que deixou a CAN.

Além destas organizações de comércio, várias organizações parlamentares foram criadas. O Mercosul decidiu em dezembro de 2004 a criação do Parlamento do Mercosul, que começou a funcionar em 2010. No início de 1987, foi criado o Parlamento Latino-Americano, com sede na Cidade do Panamá.

Em dezembro de 2004, o Mercosul e a Comunidade Andina de Nações assinaram um acordo de estatuto recíproco entre os membros associados e emitiu a Declaração de Cuzco, afirmando

6 Schmitter, Phillip C. (1964). *Mexico and Latin American Economic Integration*. California: Institute of International Studies.

que que iria criar a Comunidade Sul-Americana de Nações. A declaração propositadamente invocou o "sonho de Bolívar", observando que um dos objetivos seria o de unir a América Latina[7]. O nome original da união foi alterado para o atual União de Nações Sul-Americanas (UNASUL), em abril de 2007. Na imprensa, a frase "Estados Unidos da América do Sul" foi cogitada como uma analogia com os Estados Unidos para refletir o poder econômico e político que esta hipotética união teria no cenário mundial.

Não devemos, contudo, esquecer as várias rebeliões indígenas como a tentativa de Tupac Amaru[8] de reconstruir o império Inca; as revoltas afro-americanas sob a forma de quilombos sendo o mais representativo o de Zumbi dos Palmares[9]. Não faltaram também focos de rebeldes contra a colonização ou mesmo propos-

7 Texto f the Cusco Declaration (In English).

8 **TUPAC AMARU I** (Nasceu em 1545 - morto em 1572) foi o último líder indígena do povo inca da época da conquista espanhola. Feito sacerdote assumiu o título de *supa inca*, na época em que o Império Incajá havia perdido a capital Cuzco e resumia-se apenas à região de Vilcabamba, dezenas de quilômetros ao norte de Cuzco. Durante um ataque dos espanhóis a Vilcabamba, Túpac Amaru fugiu em direção à Amazônia, sendo capturado e depois assassinado pelo vice-rei espanhol. Seu nome e sua história inspiraram o movimento revolucionário Tupamaro. **Tupac Amaru II** conduziu a maior rebelião anticolonial da América no século XVIII - a chamada *Grande Rebelião* -, que teve lugar no Vice-reino do Rio da Prata e no Vice-reino do Peru, iniciada em 4 de novembro de 1780. Embora a revolta não tenha tido sucesso, Túpac Amaru II acabou por se tornar uma figura mítica, inspirando inúmeros movimentos pela independência do Peru, bem como a **luta pelos direitos dos povos indigenas**.

9 **ZUMBI DOS PALMARES**. Símbolo da resistência e luta contra a escravidão. Zumbi dos Palmares nasceu no estado de Alagoas no ano de 1655. Foi um dos principais representantes da resistência negra à escravidão na época do Brasil Colonial. Foi líder do Quilombo dos Palmares, comunidade livre formada por escravos fugitivos das fazendas. O Quilombo dos Palmares estava localizado na região da Serra da Barriga, que, atualmente, faz parte do município de União dos Palmares (Alagoas). Na época em que Zumbi era líder, o Quilombo dos Palmares alcançou uma população de aproximadamente trinta mil habitantes. Nos quilombos, os negros viviam livres, de acordo com sua cultura, produzindo tudo o que precisavam para viver.

tas de independência lideradas por uma já poderosa oligarquia com Brasil, como a Insurgência de Minas Gerais[10].

Com base nos precedentes históricos é possível atestar que a integração da América do sul tem sua base história na independência da América Hispânica e Brasileira, quando foi discutida a criação de um Estado regional abrindo espaço para a criação de uma confederação de nações latino-americanas para proteger a área recém-independente.

No entanto, vários projetos de integração falharam e o tema foi desconsiderado até o final do século XIX, retornando no curso do século XX, centrando-se em torno da questão do comércio internacional e com um senso de pan-americanismo devido à liderança dos Estados Unidos da América no projeto de integração.

Deve-se por outro lado destacar que a América Hispânica surgiu unida, mas deixou-se dividir pelos interesses das oligarquias exportadoras locais, da expansão britânica sobre o comércio da região e em função dos interesses dos Estados Unidos recém-formados. O conjunto dessas forças fortaleceu as articulações regionais voltadas para o comércio apoiadas no liberalismo econômico.

A região se dividiu com base em posições doutrinárias distintas. De um lado, o bolivarianismo que buscou preservar a unidade continental na busca da formação de uma grande nação, pelo menos sul americana. Do outro lado, a doutrina Monroe[11] que procu-

---

10 A **Inconfidência Mineira**, também referida como **Conjuração Mineira**, foi uma tentativa de revolta de natureza separatista ocorrida na então capitania de Minas Gerais, no Estado do Brasil, contra, entre outros motivos, a execução da derrama e o domínio português. A derrama era um imposto impopular e muitos colonos consideravam a sua prática abusiva. Com isso as elites intelectuais e econômicas da economia mineradora, influenciadas pelo iluminismo se articularam em oposição ao domínio português, cujo movimento foi abortado pela Coroa Portuguêsa em 1739.

11 **JAMES MONROE**, presidente estadunidense que, em dezembro de 1823, junto ao congresso de seu país deixou claro que o continente não deveria aceitar nenhum tipo de intromissão europeia sobre quaisquer aspectos, isto é, "a América para os americanos", cuja ideologia baseada em três princípios básicos: a impossibilidade de criação de novas colônias ao longo do continente; intolerância à interferência de nações europeia em questões internas e a não participação norte-americana em conflitos envolvendo países europeus.

ra afastar a presença britânica e europeia, fundada, em geral no lema "a América para os americanos".

À vista dessas correntes, percebe-se que o posicionamento de Simon Bolívar não prevaleceu. No entanto, o bolivarianismo continuou a desenvolver-se como expressão dessa história secular e multidimensional. Do outro lado, os Estados Unidos não podem ser fiel à sua pretensão pan-americana.

Cumprindo a previsão de Bolívar, segundo a qual os Estados Unidos estava destinados a confrontar a América Latina, invadiu o México e se apropriou de metade de seu território, realizou várias intervenções militares na América Central e no Caribe (a participação dos Estados Unidos na guerra de independência de Porto Rico e Cuba deu origem à incorporação de Porto Rico como uma colônia e, ao fracassar a ocupação de Cuba, ao estabelecimento da base militar de Guantánamo, a maior de suas várias bases militares espalhadas pelo mundo).

O mesmo papel desempenhou a construção do canal de Panamá que separou esta região da Colômbia e tantas outras intervenções brutais que foram se deslocando inclusive para a América do Sul na medida em que as ambições imperialistas dos Estados Unidos foram se ampliando.

Desse modo os Estados Unidos tiveram que renunciar na prática à sua doutrina pan-americana incorporando diretamente ou sob a misteriosa condição de Estado Associado aos americanos do norte (América Francesa) e do Sul (México, Porto Rico) e tornando-se aquele monstro para manter esta dominação, os Estados Unidos tiveram que realizar várias intervenções militares assim como apoiar golpes de Estado locais e ditadores a seu serviço.

Porém as oligarquias exportadoras locais conjuntamente com aquelas ligadas ao capital internacional percebem os Estados Unidos como um aliado quase incondicional. No entanto, os povos da região se sentem muito mais identificados com a visão bolivariana. E, da mesma forma, se sentiram os novos empresários, voltados para o mercado interno da região, conquanto, sempre viram como importante a unificação dos mercados regionais.

Intelectuais como Theotonio dos Santos[12] ver a unidade regional como fenômeno cultural indiscutível, apesar da imposição do Pan americanismo pelos Estados Unidos, continuarem atuando como forças regionais que aspiram uma maior integração da região.

Depois de várias ofensivas ocorridas nos anos 20 e 30 do século XX, inspiradas em geral na Revolução Mexicana[13], foram estas forças sociais que, em 1947, se uniram em torno da ideia de formar nas Nações Unidas uma Comissão Econômica da América Latina (CEPAL), contra a qual se colocou infrutuosamente o governo norte-americano.

A CEPAL não somente serviu de base para mobilizações diplomáticas mas converteu-se também e sobretudo no centro de um pensamento alternativo que se diferenciava teórica e doutrinariamente da Organização dos Estados Americanos (OEA), do FMI e do Banco Mundial. Foi sob sua inspiração que se criou a ALALC em 1960. Iniciativa que os Estados Unidos responderam com a criação do Banco Interamericano de Desenvolvimento (BID), com a Aliança para o Progresso, a USAID e outras iniciativas diplomáticas e de segurança de inspiração Pan-americana.

As duras limitações destas experiências na região foram abrindo caminho para uma concepção mais radical e mais profunda do processo socioeconômico e político regional.

A teoria da dependência permitiu questionar os limites da pretensão de nossas burguesias de reproduzir em seus países as

---

12 Theotonio dos Santos em seu blog. O autor é professor emérito da UFF. Professor visitante nacional sênior da UFRJ. Presidente da cátedra UNESCO/ UNU sobre economia global e desenvolvimento sustentável. Transcrito no portal "Vermelho" (http://www.vermelho.org.br/noticia.php?id_noticia=145942&id_secao=7) [*imagem do Google adicionada por este blog*].

13 REVOLUÇÃO MEXICANA A Revolução Mexicana foi um grande movimento armado que começou em 1910 com uma rebelião liderada por Francisco I. Madero contra o antigo autocrata general Porfirio Diaz. Foi a primeira das grandes revoluções do século XX. Esta revolução foi caracterizada por uma variedade de líderes de cunho socialista, liberal, anarquista, populista, e em prol do movimento agrário. Foi marcada por grande movimento popular, anti-latifundiário e anti-imperialista, responsável por importantes transformações no México, apesar da supremacia da burguesia sobre as instituições do Estado.

experiências de crescimento econômico e desenvolvimento sócio-econômico ocorrido no centro do sistema econômico mundial.

A nossa história mostrou que não éramos povos atrasados que não conseguiram modernizar-se e sim havíamos participado deste processo de acumulação primitiva capitalista numa posição subordinada a serviço dos interesses do grande capital internacional cujo centro estava nos países que comandavam a acumulação primitiva de capitais.

A partir dessa fase é de se destacar estudos que permite apontar parte desta história ao levantar de maneira didática os antecedentes e as perspectivas de um esforço integracionista regional que avança a passos largos, apesar da tentativa sistemática de um pensamento dependente e subordinado insistir em ignorar todos estes passos que formam uma importante acumulação de experiências que ganhou uma intensidade extremamente rica nestes últimos anos, como consequência, em parte, da diminuição da hegemonia dos Estados Unidos sobre a economia mundial.

É assim que presenciamos, inclusive, a atuação crescente de outras regiões antes totalmente ausentes de em história como a China que vem se convertendo no principal parceiro comercial e mesmo líderes de investimentos de vários países da região sul americana.

Não obstante o interesse norte americano apontando em linhas revolvidas, a integração regional se converteu em objetivo fundamental da atual política externa dos países sul americanos, se resvalando mais que uma questão econômica, por se tratar de um fenômeno de longa duração, expressão de um destino histórico na região.

Acentue-se que o processo recente de integração da América do Sul, cuja raiz estava na Associação Latino-Americana de Livre Comércio (ALALC), criada em 1960, e em seu sucedâneo, a Associação Latino-Americana de Integração (ALADI), de 1980, deu passos importantes quando surgiram as duas vertentes atuais da integração da América do Sul: o Mercado Comum do Sul (Mercosul) e a Comunidade Andina de Nações (CAN). A constituição de blocos regionais era contemplada nos acordos de criação da ALADI.

A crescente incorporação do Brasil nesta frente latino americana, antes desprezada por nossa oligarquia, é um fator preponderante para viabilizar este projeto histórico.

A Constituição brasileira já havia consagrado a nossa definição estratégica por uma relação privilegiada com a América Latina.

Toda a região espera do Brasil que ele assuma uma liderança a favor da integração regional.

Com base nos princípios constitucionais programáticos, assim como as políticas de Estado a favor da integração regional, o Brasil assume o papel de unificar a comunidade sul americana, cabendo às instituições representativas dos Estados promoverem ações capazes de sensibilizar a população em geral acerca da necessidade de criação de uma consciência regional unificada.

CAPÍTULO 3

A FORMAÇÃO DA CONSCIÊNCIA INTEGRACIONISTA SUL AMERICANA

A realidade atual do continente sul americano no que diz respeito às relações econômicas e comerciais, assim como os valores que lhes são intrínsecos, está gradativamente substituindo os valores culturais tradicionais, criando uma nova forma de ser e pensar e agir baseada no consumo indiscriminado de bens, coisas e modos comerciais de apreender e sentir-se enquanto ser humano, alterando a própria realidade sociológica e psicológica das pessoas e sua apreensão do mundo sensível, despontando-se, também, nesse contexto, uma nova realidade jurídica.

Diante disso, o direito, nos seus mais variados campos, modificou-se ao longo do tempo, fato perceptível facilmente em vista ao surgimento de uma prática legal baseada no modelo jurídico norte-americano, totalmente voltado para a internacionalização dos mercados, a organização dos serviços legais em função das atividades comerciais e o predomínio dos métodos legais anglo-saxões nos acordos internacionais e nos processos de arbitramento. De outra parte, existem também esforços internacionais no sentido de promover a proteção dos direitos humanos, especialmente no que se refere aos direitos sociais e ambientais, da democracia, cidadania e justiça social; o controle da arbitrariedade dos governos nacionais e o fortalecimento do Poder Judiciário.

Com bases nesses pressupostos, evidentemente, não há mais espaço para dúvida quanto à premente necessidade de unificação do continente sul americano.

O atraso nessa unificação decorre dos mais diversos fatores que envolvem as comunidades arraigadas nessa região geográfica, em destaque, os indígenas que ainda se encontravam no neolítico[1], ao contrário dos habitantes da cordilheira, detentores de uma cultura respeitável. Dos europeus que tentaram conquistar os ibéricos e tiveram mais êxito, não só na América do Sul.

O que nos interessa, entretanto, é esse continente em suas razões geográficas, políticas, econômicas e culturais.

Geograficamente, nós constituímos uma realidade própria, mesmo que grande parte da América do Sul política se encontre ao norte do Equador, e nela considerável parcela do Brasil, da Colômbia à terra do fogo somos uma realidade geográfica e histórica bem identificada. Sempre foi do interesse dos colonizadores que vivêssemos, brasileiros e hispano-americanos, bem separados uns dos outros.

Mesmo durante os 60 anos em que as coroas de Portugal e da Espanha estiveram unidas, a administração colonial se manteve separada e os contatos se limitavam às autoridades. Nossos povos não se conheciam, a não ser nos raros pontos fronteiriços.

Essa realidade decorrente do processo de ocupação do território era uma região em constantes rebeliões chefiadas por caudilhos militares.

No entanto, novas áureas surgiram e a América do Sul se tornou em uma terra de sonho, resvalando-se num momento de se fazer desse continente uma nação una fortalecendo as suas bases em destaque o Mercosul.

Com essa tônica, deve-se apressar e negociar com o espírito de solidariedade efetiva, a quebra de barreiras internas no continente, base necessária aos acordos políticos e jurídicos para a sua consolidação.

Não obstante o primado, ainda incipiente da formação de bloco econômico, a História mostra – e o exemplo mais importante é o da Alemanha – que a união política necessita de uma união aduaneira prévia. Ainda em 1834, a Prússia iniciou esse processo de união aduaneira (Zollverein) com os numerosos estados alemães, o que possibilitou a união política quase cinquenta anos depois.

---

1 O neolítico corresponde ao período da história da humanidade marcado pelo desenvolvimento da agricultura, domesticação de animais, formação das primeiras comunidades, divisão do trabalho, economia de trocas, sedentarismo, também conhecido como idade da Pedra Polida.

Mas uma união aduaneira exige mais do que interesses econômicos, para se tornar uma união política. Exige certa identidade étnica, espírito de solidariedade e semelhante visão do mundo, o que ocorria na Alemanha, antes e depois de Bismarck, e que não existe na Europa de hoje. Temos, na América do Sul, não obstante a identidade cultural própria de nossos povos, certa identidade étnica, história mais ou menos comum de países que foram colônias, continuidade geográfica e espírito de solidariedade.

Pressionados pela crise que provocaram, os governantes dos países nórdicos[2] sentem-se tentados a nova aventura de conquista econômica, política e, até militar, acaso necessário, da América do Sul. Pelo que fizeram e estão fazendo nos países produtores de petróleo, pode-se prever o que se encontra disposto a fazer em busca das matérias primas e dos nossos territórios que cobiçam. Para que não sejamos dominados neste século, como advertia Perón[3] em 1945, temos que nos unir, logo, sem tergiversações menores, e respeitando-nos como povos rigorosamente iguais.

O problema, mais do que ideológico, é geopolítico. É o do nosso espaço, que eles consideram vital para eles. Nosso dever, na História, é o de resistir e construir nova forma de convívio, criador e solidário, no espaço que ocupamos há mais meio milênio.

É certo, como alhures apontado, que a unificação desse continente, em razão da diversidade de etnias, hábitos culturais, relações comerciais, econômicas e políticas, e até mesmo em razão da preservação da soberania nacional, tais fatores dificultam a unificação.

Mesmo assim, creio que deve preponderar o aspecto sociológico para congregar as semelhanças e diferenças existentes entre as sociedades e, a partir daí, promover a estruturação das bases para a formação da unidade entre as nações.

---

2 Os países **nórdicos** compõem uma região da Europa setentrional e do Atlântico Norte que abrange a Dinamarca, Finlândia, Islândia, Noruega e Suécia, e seus territórios associados, que incluem as Ilhas Faroé e Groenlândia.

3 **Juan Domingo Perón** Presidente argentino por três vezes, ingressou na vida pública daquele país em 1945.

Partindo da premissa de que o ser humano é um ser eminentemente sociável, evidentemente, sobressai a sua capacidade constante de se renovar e se aperfeiçoar em uma organização social descentralizada, diversificada, com valores distintos, inclusive com a presença feminina, assim como a preservação de instituições moldadas na propriedade, no controle do conhecimento e organizações supranacionais.

Isso se torna possível na medida em que as transformações das sociedades antes isoladas em sociedades abertas, mais abrangestes, estão sendo modeladas a partir da desigualdade e da combinação dos movimentos de ampliação societária, globalização tecnológica e econômica e planetarização gestionária e regulamentadora, fomentando a reorganização produtiva, político-institucional e cultural.

A dinâmica dessas transformações é a dinâmica do paradoxal, do simultâneo e do metafórico-não-conceitual, refletindo a coexistência de situações antagônicas e equacionalmente inversas. Sob o prisma do processo de integração econômica, política, cultural, social e tecnológica, e a América do Sul constitui-se em um excelente exemplo desta situação.

O sociólogo Otávio Ianni[4], acompanhando esta linha de raciocínio, observa que:

> os processos de globalização e modernização desenvolvam-se simultânea e reciprocamente pelo mundo afora, também produzem desenvolvimentos desiguais, desencontrados e contraditórios. No mesmo curso da integração e da homogeneização, desenvolve-se a fragmentação e a contradição. Ao encontrar outras formas sociais de vida e trabalho, compreendendo culturas e civilizações, logo se constituem as mais surpreendentes diversidade. Tanto podem reavivar-se as formas locais, tribais, nacionais ou regionais como podem ocorrer desenvolvimentos inesperados de ocidentalidade, capitalismo e racionalidade. O mesmo vasto processo de globalização do mundo é sempre um vasto processo de pluralização dos mundos.

No seio da comunidade sul americana, que está em ascendente formação, a partir de uma harmonização e de uma homogenei-

4 IANNI, Otávio. **Teorias da globalização**. Ed Recor, 1995, p. 89.

zação aparente das sociedades nacionais, culturas, possibilitadas pelo avanço tecnológico que alcançou os sistemas de informação e comunicação. Ao mesmo tempo, paradoxalmente, ressurge o tribalismo, entendido este como uma referência aos movimentos étnicos, expressados pela crença na fidelidade aos valores comuns de um grupo, como a língua, a religião, a cultura e até mesmo a profissão. Aquele floresce na mesma medida em que o Estado se debilita, uma vez que a pressão dos limites nacionais-territoriais se dilui. Aliás, nesse itere, já se admite, no campo linguístico, ainda que de modo muito incipiente, a existência de um dialeto denominado Portunhol, fator que, também, corrobora com a unificação dos povos sul americanos.

Por outro lado, os movimentos de grupos étnicos que haviam submergido dentro dos contornos do próprio Estado ganham força novamente, levando aos localismos, aos regionalismos e a fragmentação que alimentam geram conflitos políticos, econômicos, sociais, culturais e religiosos, como aqueles que ocorreram entre os indígenas na defesa de suas nações.

Na opinião de René Dreifuss[5],

> a transformação das nações "desenvolvidas" em um complexo sistema de "economias geradoras de conhecimento avançado", "sociedades de comunicação eletrônica" (ricas em informação e razoavelmente satisfeitas, embora – persistindo as atuais formas e sentido de produção, apropriação e distribuição – alguns países estejam ameaçados pelo desemprego estrutural e pela geração de amplos agrupamentos sociais desajustados) se contrapõe à acentuação de vulnerabilidades estratégicas (amargas carências sociais e desinformação) nas sociedades e nações desinformatizadas do "eixo Sul-Sul".Implode antigas hierarquizações (Primeiro, Segundo, Terceiro, Quarto Mundos), assim como explodem as dicotomias "centro-periferia",desenvolvimento-subdesenvolvimento", "progressista conservador" através do desenho de um único mundo, no interior do qual se desdobram variações e diferenciações que retraçam regionalizações e regionalismos, localismos e particularismos, continentalizações e macromercados.

5 DREIFUSS, René Armand. **A época das perplexidades**: mundialização, globalização e planetarização. p. 241-242.

A transformação da sociedade capitalista industrial para a sociedade global do conhecimento é mais do que um processo ligado ao fenômeno da globalização e ao progresso tecnológico. É o próprio movimento da desintegração de toda a civilização moderna, com todos os problemas, dificuldades e oportunidades que apenas uma situação dessa magnitude pode oferecer. No entanto, o processo de integração das comunidades supranacionais se acentua em vista à necessidade das trocas comerciais, sociais, políticas e jurídicas.

Assim é que o projeto de integração vem expresso em todas as Constituições dos Estados da América do Sul.

Com esse desiderato criou-se em 2004 a chamada Alternativa Bolivariana para a América Latina e o Caribe (ALBA), que, literalmente, propunha-se a instituir um modelo completamente diferente em relação aos blocos de integração vigentes. Para fazer o contraponto com os demais organismos existentes, a Alternativa Bolivariana enfatiza a luta contra a pobreza e a exclusão social pela criação de mecanismos que viabilizem vantagens cooperativas e a correção das assimetrias entre os Estados-Membros, constituindo, por exemplo, fundos compensatórios de seus desequilíbrios econômicos. Sua proposta inicial seria construir consensos em torno dessas questões e repensar os acordos de integração firmados até então.

Não obstante a criação desse organismo, os fins postulados se restringem ao setor comercial, desprezando as demais relações sociais. Mesmo assim, a ALBA utiliza o termo grannacional em substituição ao transnacional. Neste sentido, elabora "projetos grannacionais" e atuam, no espaço geográfico da ALBA, "empreendimentos grannacionais"[6]. Segundo seus documentos oficiais:

El concepto Grannacional tiene tres fundamentos:

> 1. Histórico y geopolítico: es la visión bolivariana de la unión de las repúblicas latinoamericanas y caribeñas para la conformación de una gran nación.

6 Disponível em: http://www.alianzabolivariana.org/modules.php?name=Content&pa=showpage&pid=2080>.Acessado em 08 de julho de 2014.

> 2. Socioeconómico: es la estrategia de desarrollo de las economías de nuestros países con el objetivo de producir la satisfacción de las necesidades sociales de las grandes mayorías.
> 3. Ideológico: la afinidad conceptual de quienes integramos al ALBA, en cuanto a la concepción crítica acerca de la globalización neoliberal, la necesidad del desarrollo sustentable con justicia social, la soberanía de nuestros países y el derecho a su autodeterminación, generando un bloque en la perspectiva de estructurar políticas regionales soberanas.

Frente a esta realidade, faz-se necessário analisar a viabilidade de um modelo de integração regional que não se circunscreva exclusivamente às regras de mercado, mas que efetive instrumentos que levem a um desenvolvimento sustentável de todos os Estados-Membros, priorizando programas sociais que tenham como beneficiários todas as camadas sociais, sobretudo as populações autóctones.

Nas últimas décadas vários documentos oficiais e acordos internacionais mencionam a possibilidade de uma integração alternativa entre os Estados latino-americanos, com aporte teórico para a sua consecução.

Destaque-se que preexiste a valorização política do Mercosul como um fator de agregação ao projeto da formação de um espaço sul-americano. Mesmo assim, subsiste a preocupação com os impasses do processo de integração sub-regional, especialmente eventuais crises econômicas dos países membros que dificulta a discussão de políticas de concertação e de arranjos macroeconômicos mais permanentes. No entanto, deve-se destacar a expectativa positiva, criada pelos representantes dos países membros do Mercosul, em relação à nova administração desses país. Contudo, parece claudicarem diante de situações conturbadas em relação ao aspecto econômico. Evidente que diante de um quadro de vulnerabilidade, sobretudo de vulnerabilidade econômica, a ideia de um novo espaço sul-americano se enfraquece.

Mesmo assim, a integração sul-americana se constitui num dos eixos condutores da política externa, ao menos no Brasil.

Ressalte-se que a superação do subdesenvolvimento e das assimetrias, objetivo maior da América do Sul, requer a união dos países do continente.

O impulso atual à integração pode ser viabilizada porquanto se adquiriu uma convicção compartilhada entre os governos e povos sul-americanos de que o fenômeno da globalização, que proporcionou níveis inéditos de crescimento econômico e trocas comerciais globais, é o mesmo que, em sua face perversa, aprofunda assimetrias e contribui para a marginalização econômica, social e política de dezenas de países e bilhões de seres humanos.

Hoje, o desenvolvimento de todos e cada um dos países no mundo depende do crescimento de seus vizinhos. Não é mais possível pensar na prosperidade do Brasil sem pensar no bem-estar de nossa região. A integração, nesse contexto, constitui alternativa consciente para enfrentar os desafios impostos pelos atuais constrangimentos internacionais e, ao mesmo tempo, aproveitar as oportunidades que se oferecem.

Nesse cotejo é de se trazer a baila os conceitos de sistema-mundo de integração mais recente, entre eles os conceitos enfatizados por Immanuel Wallerstein[7], e das categorias essenciais à unificação dos Estados que qualificam como sistêmicos os projetos de integração clássicos implantados na região e de antissistêmicos os programas e as instituições regionais que seriam alternativas ao modelo estabelecido pelas organizações internacionais.

O sentido da integração sul americana se constitui num dos eixos condutores da política externa dos países da América do Sul. Aliás, a superação do subdesenvolvimento e das assimetrias, objetivo maior desse continente, requer a união dos Estados.

Desse modo a possibilidade de integração se acentua ante a convicção compartilhada entre os governos e povos sul americanos em face da interdependência, não sendo mais possível pensar na prosperidade de um Estado, sem pensar no bem estar de toda a região. A integração, nesse contexto, constitui alternativa consciente para enfrentar os desafios impostos pelos atuais constrangimentos internacionais e, ao mesmo tempo, aproveitar as oportunidades que se oferecem.

7 **Immanuel Maurice Wallerste** ***in*** Nova Iorque, 28 de setembro de 1930 é um sociólogo estadunidense, mais conhecido pela sua contribuição fundadora para a teoria do sistema-mundo.

Enaltecendo o processo de integração sul americano, o Embaixador brasileiro Jorge d'Escragnolle Taunay Filho, quando no exercício do cargo de subsecretário-geral da América do Sul do Ministério das Relações Exteriores (in: Valor Econômico de 26 junho 2007(Periódico), destacou que:

> a velocidade que se busca imprimir ao processo de integração é a mesma das transformações e obstáculos apresentados pelo atual contexto econômico e político internacionais, e tem proporcionado resultados concretos num período bastante curto.
>
> Houve robusto crescimento das exportações brasileiras para nossos vizinhos, as quais quase triplicaram entre 2003 e 2006, impulsionadas, em grande parte, por produtos com alto valor agregado. A América do Sul sozinha já é, para o Brasil, um mercado maior que os Estados Unidos. No ano passado, as vendas brasileiras para países sul-americanos totalizaram quase US$ 27 bilhões. A tendência ascendente continua em 2007.
>
> No setor da infra-estrutura regional, em que quase tudo estava ainda por fazer, produziram-se avanços notáveis: entre 2003 e o corrente ano, o Brasil aprovou mais de US$ 6 bilhões em financiamentos para exportações de produtos e serviços de empresas brasileiras, destinados a projetos de infra-estrutura nos países sul-americanos nas áreas de transportes, energia, saneamento e telecomunicações. São projetos que fomentam empregos e renda tanto aqui quanto nos países vizinhos, criando oportunidades de trabalho para muitas populações carentes. A integração sul-americana vem gerando, portanto, ganhos econômicos palpáveis para o Brasil.
>
> Ainda assim, medir o sucesso da integração apenas por seus resultados comerciais é um erro. A política comercial é apenas uma das dimensões da política externa. A construção de uma América do Sul integrada vai muito além do comércio, tendo por meta desenvolver um espaço coeso nos âmbitos político, econômico, financeiro, social e cultural. Trata-se, sobretudo, de construir um destino comum.
>
> Um bom exemplo que mostra o lado humano da integração foi a conclusão, em 2006, do acordo sul-americano para a dispensa de vistos e habilitação de documentos de viagem. Esse acordo constitui o primeiro passo para a construção de uma cidadania política sul-americana. Contribuirá seguramente para aumentar o intercâmbio de pessoas entre os países da América do Sul, aí incluídos turistas, empresários, trabalhadores, artistas e estudantes.
>
> A construção da União Sul-Americana é um processo recente, que demandará tempo, paciência, recursos e visão estratégica de longo prazo. Em toda a história, os presidentes sul-americanos reuniram-se apenas seis vezes, todas elas depois do ano 2000. Não se exclui que, no processo de consolidação dessa União, eventuais divergên-

> cias entre seus membros possam aflorar, inevitáveis quando se trilha caminho inexplorado.
> Questões político-ideológicas ou eventuais afinidades entre as lideranças sul-americanas não constituem de modo algum as bases sobre as quais vem se construindo a integração da América do Sul. Os países da região possuem uma enriquecedora variedade de opções políticas e visões de mundo. Essa variedade, longe de enfraquecer o projeto da integração, constitui uma de suas forças e evidencia seu caráter plural e democrático.
> Dificuldades que há muito constituíam agenda negativa na região foram resolvidas, de forma negociada, por meio dos esforços da diplomacia brasileira, o que abriu espaço para a agenda da integração.
> O futuro que desejamos para nossa região não poderá ser construído pela defesa inflexível de posições individuais, mas pelo estabelecimento gradual da percepção de que a América do Sul integrada produzirá igualmente benefícios para países grandes e pequenos.

Visionário que foi o eminente embaixador, comungando com a ordem constitucional programática brasileira defende o processo de integração latino-americano, nascido da vontade popular, a integração é plasmada no Texto Magno como imperativo para o governante. Assim como o Povo brasileiro se decidiu pelo caminho da integração regional, a mesma opção certamente também estar refletida no mandamento constituidor das regras máximas da ordem nos países latino-americanos. Mais ainda, os próprios instrumentos internacionais decorrentes das relações entre as Nações do continente poderiam refletir sempre esse anseio dos povos sul-americanos.

Por outro lado os elementos constitutivos sobre os quais se fundam a integração econômica, política, social e cultural concorrem para a ideia de formação de uma comunidade latino-americana de nações.

Nesse esforço, despontam os aspectos formal e ideal que incidem sobre a conceituação de comunidade latino-americana de nações. O primeiro aspecto – o formal – diz respeito (i) à aprovação de tratados constitutivos que originaram os diversos organismos regionais; (ii) à dotação de personalidade jurídica de Direito Internacional Público, que torna tais organismos entidades distintas dos Estados-Partes que os compõem; (iii) ao processo de internalização de normas e regras acordadas pelas instâncias decisórias dos organismos regionais no ordenamento jurídico de cada Estado-membro; (iv) à observância do princípio da igualdade (formal) entre os Estados.

A par desses precedentes o Governo brasileiro se volta, com ênfase, ao adensamento da integração e da estabilidade da comunidade latino-americana de nações, com atenção à América do Sul. Para tanto, busca o fortalecimento das parcerias estratégicas com a Argentina. Aprofundou-se as negociações em vista à prevalência do Mercosul, inclusive com mecanismos inovadores entre países em desenvolvimento, como o de pagamento em moedas locais. Com isso, consolida-se a União Aduaneira e avança a integração política. Destaque-se que o Mercosul tem hoje seu Parlamento, cujos membros, em pouco tempo, serão eleitos pelo sufrágio universal direto.

A fundação da União de Nações Sul-Americanas (UNASUL) - cujo Tratado Constitutivo entrou em vigor em março de 201, teve como objetivo consolidar uma genuína zona de paz e de prosperidade, calcada também na integração física. A UNASUL já demonstrou seu valor na promoção do entendimento e da solução pacífica de conflitos entre países sul-americanos e no interior desses países. A UNASUL, embora jovem, já confirmou sua eficácia.

Com a criação da Comunidade de Estados sul americano, reafirma-se a vontade de pôr em prática esse espírito integracionista que nos anima.

Cabe aqui destacar que a OEA passa por momento de reafirmação de sua vocação e relevância para promoção da paz e segurança regionais, com visão renovada dos interesses de seus membros à luz dos desafios do século XXI. Assim, não podemos prescindir do espaço de cooperação e diálogo e do arcabouço jurídico e político oferecidos pela OEA para promover a integração, inclusive, com o envidamento de esforços conducentes à reforma da Corte Interamericana de Direitos Humanos.

Contudo, a consolidação da integração regional, somente é possível com a edificação de normas jurídicas com força obrigatória ao nível de constituição, isto é, exige-se a estruturação de um poder constituinte supranacional para criação de uma Constituição pela qual cada Estado ceda uma parcela de sua soberania para que uma Constituição comunitária seja criada.

É verdade que vivemos num mundo tido como pós-moderno onde as mudanças se dão de forma crescente, rápidas e sem fronteiras.

Para o Professor Juventino de Castro Aguado[8], as realidades locais de cada Estado estão dando lugar a uma realidade cada vez mais universal e, por conseguinte, o Direito de cada país está gradativamente sendo internacionalizado.

Para AGUADO[9], nesse cenário globalizado estão surgindo, sob o manto da ideologia do Neoliberalismo, novos poderes políticos e jurídicos materializados em instituições de caráter multinacional e gigantescas corporações empresariais que em concorrência com os Estados são responsáveis pelo enfraquecimento do seu poder de intervenção. No entanto, o grande problema apontado por ele é o fato de que essa perda de autonomia só acontece nos Estados pobres, ou seja, o comando das decisões econômicas, políticas e jurídicas fica a cargo das grandes potências.

Tal pressuposto decorre da ideia inicial de que a abertura dos mercados incentivaria o desenvolvimento dos países menos desenvolvidos, fato que não passou de uma ilusão se consideradas as barreiras impostas pelos países ricos.

Não obstante essas questões apresentados, é quase que unânime que pelos menos alguns pontos positivos são decorrentes da globalização, tais como a valorização dos direitos humanos, a conscientização da preservação do meio ambiente, entre outros.

Ocorre, entretanto, que diante da situação de pobreza de muitos países, estão sendo formados "blocos econômicos" de nações ricas com a imposição de medidas protecionistas, as chamadas barreiras comerciais. Isso não só tem prejudicado o desenvolvimento dos países menos favorecidos, como também muitas das vezes tem provocado até a crise e recessão deles, que não tendo para quem exportar consequentemente não terão recursos para importar os produtos necessários ao seu desenvolvimento, preju-

---

8 AGUADO, Juventino de Castro. *As Novas Formas do Estado e do Direito em Tempos de Pós-Modernidade (Estado Constitucional – Uma Visão Sócio-Jurídica do Poder)* Texto publicado na Revista Nacional de Direito e Jurisprudência, n.° 81, ano 7, Setembro/2006.

9 Idem ob. Cit.

dicando a economia, geração de empregos, distribuição de renda, políticas públicas, dentre outros.

Peter Häberle[10] (2007, p. 01/25) destaca a necessidade da ciência jurídica de permanecer em constante análise do próprio objeto de estudo como forma demonstrativa para escolha de um método para enfrentar os novos desafios, a exemplo da economicização de quase todos os domínios da vida, invertendo-se os valores entre o homem e o mercado; a prevenção dos riscos rumo ao perigo de uma teoria da insuficiência do sistema; a conservação do Estado social positivado em inúmeras constituições frente ao momento de crise econômica, além da reforma da ONU, notadamente do Conselho de Segurança, de maneira a se permitir a participação de outras nações.

Para HÄBERLE[11], há um desenvolvimento do constitucionalismo no sentido de se agrupar o Estado Constitucional com o Direito Internacional.

É perceptível que a expansão das relações sociais está presente em praticamente todas as áreas e não apenas na economia, mas principalmente no Direito, enquanto ciência reguladora da vida em sociedade. Esse fenômeno deve ser regulamentado como forma de se evitar a exploração humana, a formação de novos impérios com a colonização dos países menos favorecidos.

Atualmente temos assistido ao surgimento dos fenômenos caracterizados como neoconstitucionalismo e constitucionalização do direito.

Luís Roberto Barroso[12] (jan.-mar./2007. p. 129/173) aborda esse assunto ao trazer como marco histórico do neoconstitucionalismo o cenário da Europa Ocidental no período pós-guerra e no Brasil com a promulgação da Constituição Federal de 1988.

---

10 HÄBERLE, Peter. *Novos Horizontes e Novos Desafios do Constitucionalismo.* Revista Latino-Americana de Estudos Constitucionais, Ed. Del Rey, Belo Horizonte 2007, p. 01/25.

11 Idem, ob. Cit. p. 01/25

12 BARROSO, Luís Roberto. *Neoconstitucionalismo e constitucionalização do direito (O triunfo tardio do direito constitucional no Brasil).* Revista de Direito Constitucional e Internacional, Ano 15, n.° 58, jan.-mar./2007, Ed. Revista dos Tribunais. p. 129/173

No primeiro caso tem-se como principal referência a Constituição Alemã de 1949.

Para Barroso[13] o marco filosófico desse neoconstitucionalismo foi o pós-positivismo que provocou uma evolução no Direito a partir da sua leitura moral, atribuindo-se normatividade aos princípios constitucionais e, por conseguinte, formando-se uma nova hermenêutica constitucional. Cita, ainda, como marcos teóricos três grandes transformações que seriam o reconhecimento de força normativa à Constituição, a expansão da jurisdição constitucional e o desenvolvimento de uma nova dogmática da interpretação constitucional. Interessante a sua colocação no sentido de que a Constituição teria passado do *status* de documento político para documento jurídico, ocorrendo a constitucionalização dos direitos fundamentais e a aplicação dos métodos de interpretação tradicionais do Direito na seara constitucional.

Muitos doutrinadores têm classificado esses acontecimentos como a constitucionalização do direito, ou seja, a partir dos valores e princípios contidos no documento constitucional e de uma crescente judicialização das relações sociais surgidas por meio da conscientização popular dos seus direitos, as leis devem ser interpretadas a partir de uma leitura da constituição, sob a ótica do seu conteúdo e finalidade.

Para Barroso[14] essa constitucionalização do direito tem repercussão na atuação dos três Poderes, ponderando que com relação ao Legislativo ocorreria limitação da sua discricionariedade na elaboração das leis, com a imposição de deveres de atuação conforme os programas constitucionais; Para o Executivo, além dessas mesmas limitações impostas ao Legislativo, forneceria fundamento de validade para a prática de atos de aplicação direta e imediata da Constituição, independente da "intermediação" do legislador ordinário; Para o Judiciário, serviria de parâmetro para o controle de constitucionalidade, condicionando a interpretação de todas as normas do sistema.

13 BARROSO, ob. pag. citadas

14 BARROSO, ob. pag. Citadas.

É de se enfatizar que os efeitos da integração regional interferem nas relações de poder estabelecidas no Estado, de sorte que se devem esclarecer quais os tipos de influências que afetam as relações do Estado e da sociedade, e, nesse contexto, destaca-se a forma de organização do Estado como meio capaz de viabilizar a integração, sem perder o foco principal que é a garantia dos direitos dos cidadãos. Nesse ponto sobressai a ideia de Estado Federado que é uma forma de organização e ajuste nas relações de poder que afeta a postura dos cidadãos.

Aliás, a essência do federalismo, segundo Daniel Elazar[15], não se encontra em determinado conjunto de organização, mas na institucionalização das relações entre os interessados na vida política.

O federalismo expressa a ideia de cooperação entre as unidades federadas. Manifesta uma solidariedade intersubjetiva, uma cooperação e não uma separação entre as unidades que compõem um determinado modelo de federação.

O federalismo não se verifica apenas em sociedades estatais, mas em qualquer tipo de organização social que admita o pluralismo e estabeleça um regime de cooperação eficiente entre seus membros.

Com essa dimensão, o federalismo bem se amolda à organização dos Estados no processo de integração regional, sobretudo em razão das inovações decorrentes das reformas econômicas políticas e jurídicas ocorridas nas últimas décadas.

Importa acentuar que nas décadas de 1980 e 1990, uma série de reformas na área econômica foram realizadas por países desenvolvidos e, em seguida, pelos países em desenvolvimento, modificando profundamente o modelo anterior de intervenção econômica e a adoção de novas formas de gestão.

Nessas reformas o Estado reduziu sua participação direta na economia por intermédio das privatizações, concessões e desregulamentação. Por outro lado, ao mesmo tempo, foram reforçadas as estruturas públicas regulatórias, especialmente nos setores privatizados, havendo, dessa forma, a saída do Estado como ente protagonista econômico indutor direto do desenvolvimento social

15 ELAZAR, Daniel. Exploración del Federalismo. Barcelona: Hacer, p. 32.

para uma atividade regulatória forte em face dos agentes privados, nacionais e internacionais.

Com essa nova forma de controle e atuação do Estado é salutar que os governos nacionais atuem, concomitantemente, em rede com instituições supranacionais, entidades da sociedade civil, administrações públicas regionais e a iniciativa privada.

Foi com bases nesses pressupostos que acendeu a formação da União Europeia que, atualmente, representa uma das organizações supranacional com elevado grau de coesão em razão da integração entre os Estados membros.

Sabe-se que o processo de formação e constituição da União Europeia foi relativamente lento, mas pioneiro.

Atualmente o agrupamento ostenta a posição de maior e mais avançado bloco econômico do mundo, formando um verdadeiro Estado Europeu, com uma elevada integração territorial.

Não obstante o elevado nível de integração, a origem dessa formação se deu com a criação do agrupamento denominado Benelux (grupo econômico formado por Bélgica, Holanda e Luxemburgo, criado em 1944). Inicialmente, esse bloco funcionava como uma União Aduaneira, isto é, com reduções nas tarifas de importações e exportações entre os estados-membros e a adoção de uma Tarifa Externa Comum (TEC). O Benelux tornou-se o principal modelo dos blocos econômicos que atualmente predominam no contexto econômico mundial.

Em 1952, juntaram-se ao Benelux: França, Alemanha e Itália, dando origem à CECA (Comunidade Europeia do Carvão e do Aço), criada no sentido de estabelecer um mercado siderúrgico em comum para integrar a produção industrial e o fornecimento de matérias-primas em todo o agrupamento. Vale a ressalva de que, mesmo assim, o Benelux continuou existindo paralelamente, mantendo-se até os dias atuais.

Posteriormente, a fim de ampliar os acordos referentes à CECA, os seis países-membros reuniram-se no dia 25 de março de 1957 para assinarem o Tratado de Roma, que deu origem à CEE (Comunidade Econômica Europeia), também conhecida por MCE (Mercado Comum Europeu). A partir daí, os acordos econômicos foram ampliados, deixando de se limitarem a questões referentes à siderurgia. Era a primeira vez que a Europa integrava em grande escala algumas de suas principais potências econômicas em um mercado comum.

Após a formação da CEE, ingressaram no bloco nas décadas seguintes: Inglaterra, Irlanda, Dinamarca, Grécia, Espanha e Portugal, totalizando aquilo que se convencionou chamar de A Europa dos doze. Em 1989, com a queda do Muro de Berlim, a Alemanha Oriental também foi incorporada ao bloco.

A CEE foi a primeira proposta existente de promoção à livre circulação de mercadorias, capitais e, principalmente, de pessoas, integração essa que seria concretizada com o passar dos anos, à medida que as economias dos respectivos países-membros se fortalecessem.

Essa possibilidade, finalmente, concretizou-se, com a assinatura do Tratado de Maastricht, que entrou em vigor em novembro de 1993, dando origem à União Europeia, o primeiro bloco econômico a atingir uma integração total entre seus países-membros.

Pelo Tratado de Maastricht também foi criado o euro, uma moeda única que seria inicialmente adotada pelo bloco para instrumentalizar os acordos comerciais e cambiais entre os países. Em 2002, o mesmo euro entrou em circulação, tornando-se a moeda oficial da maioria dos membros da União Europeia, com exceção do Reino Unido e Dinamarca.

Atualmente, o bloca possui vinte e sete países-membros. Além disso, Turquia, Croácia e Macedônia negociam suas entradas no bloco, enquanto a República de San Marino encontra-se em fase de adesão.

Desse contexto, afere-se que a integração da Comunidade Europeia, apesar de consolidada, mantém a estrutura estatal dos Estados-membros, preservando as identidades culturais e respectivas peculiaridades locais inerentes aos grupos sociais estabelecidos no território unificado.

Vê-se que a integração regional se constitui como medida necessária nos tempos pós moderno, onde as mudanças têm ocorrido de forma crescente, rápida e sem fronteiras.

Para o Professor Juventino de Castro[16], as realidades locais de cada Estado estão dando lugar a uma realidade cada vez mais

16 In: Revista Nacional de Direito e Jurisprudência, n° 81, ano 7, Setembro/2006

universal e, por conseguinte, o Direito de cada país está gradativamente sendo internacionalizado.

De acordo com citado autor, nesse cenário globalizado estão surgindo, sob o manto da ideologia do Neoliberalismo, "novos poderes políticos e jurídicos" materializados em instituições de caráter multinacional e gigantescas corporações empresariais que em concorrência com os Estados são responsáveis pelo enfraquecimento do seu poder de intervenção[17].

O percuciente autor José Emílio Medauar Ommati[18], discute a concretização dos direitos sociais diante do paradigma do Estado Democrático de Direito, abordando a função da Constituição no Direito Moderno. A partir desse plano faz um paralelo entre os direitos sociais e os demais direitos constitucionais, destacando a possibilidade de concretização desses direitos através do Judiciário, respeitados os limites impostos pelo princípio da separação dos poderes. Para ele a importância da reflexão acerca da implementação dos direitos sociais se justifica, dentre outros motivos, porque esses direitos ainda são muito mal compreendidos.

Na verdade os direitos sociais, a separação dos poderes, dentre outros são direitos que devem ser preservados, oportunizando aos destinatários a possibilidade de discussão pública de interesse geral.

Com efeito, o Direito Constitucional como um todo em atenção ao que está acontecendo globalmente deve ser repensado, pois não se concebe mais a possibilidade de um país se desenvolver de maneira isolada do resto do mundo.

Destarte, a Constituição brasileira teve uma considerável evolução desde o seu surgimento, enquanto forma de positivação dos direitos e garantias do homem frente ao absolutismo de outras épocas, passando de documento político para norma jurídica,

---

17 AGUADO, Juventino de Castro. As Novas Formas do Estado e do Direito em Tempos de Pós-Modernidade (Estado Constitucional – Uma Visão Sócio-Jurídica do Poder) Texto publicado na Revista Nacional de Direito e Jurisprudência, n.° 81, ano 7, Setembro/2006.

18 OMMATI, José Emílio Medauar. *O desafio posto pelos direitos sociais no paradigma do Estado Democrático de Direito*. Ed. Del Rey, n. 6, jul./dez. 2005. p. 469/484.

com *status* superior e de observância necessária para interpretação das demais normas.

Diante do atual estágio de integração, com a regulamentação internacional de direitos universalmente reconhecidos, tais como a preservação do meio ambiente, o respeito aos direitos humanos, o combate ao tráfico internacional de drogas, de armas e pessoas, etc., nos apercebemos da necessidade de uma urgente normatização supranacional das constituições, talvez uma carta constitucional soberana e superior a todas as constituições nacionais sem, contudo, representar uma revogação das constituições e leis de cada país, nem quebrar com a soberania nacional de cada um deles.

Nessa linha de pensamento, Rômulo Silva Cunha[19] destaca que é ainda tímida a abertura que a Constituição brasileira dá a nova ordem mundial quando através da Emenda Constitucional 45 prevê a adesão brasileira ao Tribunal Penal Internacional, bem como a equiparação dos Tratados sobre Direitos Humanos às emendas constitucionais segundo as regras de aprovação legislativas nacionais.

Não obstante a necessidade de integração, essa possiblidade somente se consolidará mediante a elaboração de uma carta constitucional supranacional. Aliás, tal proposição encontra apoio de muitos doutrinadores que defendem a criação de uma ordem constitucional superior as já existentes, mas em harmonia com elas, capaz de regulamentar a vida sem fronteiras, os problemas que não são mais locais, mas ao contrário, repercutem crescentemente nos mais diversos lugares da Terra.

É certo que os elementos constitutivos da integração regional perpassam pelos aspectos econômicos, políticos, sociais e culturais, os quais concorrem para a formação de uma comunidade latino-americana de nações, conforme acentua o parágrafo único do artigo 4º da Constituição brasileira.

Considerando tais pressupostos aflora os aspectos formal e ideal que incidem sobre a conceituação de comunidade sul-ame-

---

19 Rômulo Silva Cunha. Artigo científico - A Constituição num mundo globalizado; disponível em: http://www.ambitojuridico.com.br/site/index.php?n_link=revista_artigos_leitura&artigo_id=7455.

ricana de nações. O primeiro aspecto – o formal – diz respeito (i) à aprovação de tratados constitutivos que originaram os diversos organismos regionais existentes; (ii) à dotação de personalidade jurídica de Direito Internacional Público, que torna tais organismos entidades distintas dos Estados-Partes que os compõem; (iii) ao processo de internalização de normas e regras acordadas pelas instâncias decisórias dos organismos regionais no ordenamento jurídico de cada Estado-membro; (iv) à observância, em suma, do princípio da igualdade (formal) entre os Estados.

O Brasil, por meio dos seus agentes políticos tem dado ênfase ao adensamento da integração e da estabilidade da comunidade latino-americana de nações, com atenção à América do Sul, procurando fortalecer parceria estratégica com a Argentina, Uruguai e Paraguai, aprofundando o Mercosul, inclusive com mecanismos inovadores entre países, como o de pagamento em moedas locais. De sorte que passo a passo vai-se consolidando a União Aduaneira e avançando na integração política. O Mercosul já conta com seu Parlamento, cujos membros, a depender do interesse na formação da unidade regional, em pouco tempo, serão eleitos pelo sufrágio universal direto.

Nesse ponto, Nunes Júnior[20] (2010:160) assegura que o parlamento fornece ao processo de integração a legitimação democrática, demonstra a vontade política dos governos de consolidá-lo. Visto dessa forma, o parlamento do Mercosul além de representar um órgão legislativo de natureza intergovernamental, por exercer funções institucionais de criação do ordenamento jurídico comum de defesa dos interesses regionais, exerce o controle político do espaço integrado.

É de se ressaltar que a União de Nações Sul-Americanas (UNASUL) - cujo tratado constitutivo entrou em vigor em março de 2011, teve como objetivo consolidar uma genuína zona de paz e de prosperidade, calcada também na integração física.

A UNASUL já demonstrou seu valor na promoção do entendimento e da solução pacífica de conflitos entre países sul-america-

20 NUNES JUNIOR, Amandino Teixeira. Parlamento do Mercosul – sobre a necessidade da definição de pressupostos da adoção de procedimentos para a sua criação. Rio de Janeiro: Lumen Juris, 2010.

nos e no interior desses países. A UNASUL, embora recém-criada, já confirmou sua eficácia.

Com esses elementos acende a perspectiva ampla para agregação da comunidade sul americano, num plano multilateral, visando o crescimento econômico e ascensão social da população. Contudo, é de se considerar o aspecto ideal ou dever-ser para que os mecanismos integracionistas viabilizem de modo efetivo e progressivamente o bem-estar do povo. Para tanto, não se mostra viável a transposição de fórmulas integracionistas "acabadas" de outras regiões do globo, tampouco instituir, desde o início, estruturas por demasiado burocráticas, que não atendam às reais demandas da população.

Impõe-se a aproximação gradativa do elemento formal com o ideal, conjugando-os com vista à criação da comunidade sul americana de forma coesa, viável economicamente, aberta politicamente, inclusiva socialmente, diversificada culturalmente, mas com clara identificação de afinidades. Aliás, nesse ponto aflora o elemento soberania, ínsito do Estado moderno que pouco a pouco vai-se esmaecendo para ceder espaço à formação da comunidade sul americana, cujo elemento, soberania, se relativiza em face do bem comum maior e do funcionamento dos mecanismos institucionais que garantem e formalizam a união dos esforços da comunidade de nações da América do sul.

Com isso, aproximam-se os povos sul-americanos quando, então, passarão a usufruir dos benefícios do aprofundamento da integração a exemplo dos europeus com a formação da comunidade Europeia.

CAPÍTULO 4

ELEMENTOS UNIFICADORES DOS POVOS SUL AMERICANOS

Com já demonstrado por esse trabalho, nosso propósito é conectar estudos avançados nos campos sociológico e jurídico das relações internacionais com base na teoria constitucional, no direito internacional público e de outros fluxos epistemológicos do saber de modo a viabilizar a unificação dos povos sul-americanos considerando os elementos de identidade, tendo em vista a posição geográfica dos Estados, a formação social, a mobilidade política e jurídica, a integração econômica, dentre outros elementos capazes de aglutinar os povos da região. Tal perspectiva, como alhures apontado, vem inscrita na norma constitucional brasileira ao invocar no parágrafo único do artigo 4º que "A República Federativa do Brasil buscará a integração econômica, política, social e cultural dos povos da América Latina, visando à formação de uma comunidade latino-americana de nações".

Por esse pressuposto o processo de integração latino-americano decorre, para o Brasil de determinação constitucional cuja origem advém da vontade popular, que, aliás, a pretensão integracionista vem plasmada no Texto Magno como imperativo para os governantes.

Antevejo que, assim como o povo brasileiro se decidiu pelo caminho da integração regional, a mesma opção também se reflete no mandamento constituidor das regras máximas da ordem nos países sul-americanos. Mais ainda, os próprios instrumentos internacionais decorrentes das relações entre as nações sul-americanas poderiam refletir sempre esse anseio dos povos deste continente.

Não obstante a pretensão constitucional brasileira, a verdadeira unidade dos povos nessa região somente subsistirá após a instituição de uma constituição supranacional elaborada em respeito ao princípio democrático, por meio de uma assembleia internacional constituinte formada por representantes dos Estados parte.

Pois bem. Como sabemos a aglutinação dos povos para a formação dos Estados se dá por meio da união dos elementos constitutivos: povo, território e governo. Dessa unidade exsurge as normas de sustentação, em destaque a norma suprema com a força normativa da constituição.

Ora, a base sobre a qual se sustenta a constituição por certo, são as identidades existentes no campo político, econômico, social e jurídico, cujos aspectos se complementam e se inter-relacionam, de forma inextrincável, como elementos constitutivos de uma comunidade sul-americana de nações.

No campo econômico, como já mencionado, a integração regional tem conhecido avanços, porquanto, evidenciado que no passado os países sul-americanos mantinham incipiente intercâmbio econômico e trocas comerciais uns com os outros. Eram alheios ao potencial de complementaridade com os vizinhos, como se não fizessem parte da mesma circunscrição geoeconômica. Limitavam-se, ao papel de países periféricos, de meros provedores de insumos básicos às economias centrais, sem interagir diretamente. Malgrado essa lamentável postura, felizmente, hoje em dia a realidade é totalmente antagônica, isto é, o comércio inter-regional se multiplicou fazendo aumentar as vantagens competitivas e agregando valor aos produtos locais.

No plano político é de reconhecer que dificilmente teríamos deslanchado economicamente - seja no plano doméstico, seja em nível dos países do cone sul, não fossem os ganhos advindos da consolidação democrática no Estado.

Na verdade, a consolidação democrática tem sido a maior das virtudes conquistada pelos países sul americanos nos últimos anos. Com essa estabilidade e crescimento econômico sustentado com inclusão social, colhemos as benesses da transição democrática.

Com esse propósito os principais organismos de integração regional (OEA, Mercosul, UNASUL, CELAC) incluem cláusulas democráticas, que visam a coibir que países-membros desviem o foco sublevando a ordem democrática, haja vista que ambientes regidos pela democracia constituem espaço férteis e propícios para o florescimento do desenvolvimento econômico e social.

Sabemos que a integração é uma construção permanente e envolve a busca conjunta de respostas para desafios comuns aos Estados. Nesse ponto, o fundamental é manter o foco, para evitar a atribuição de competências semelhantes e a duplicação de esforços entre diferentes organismos regionais.

No que concerne à integração social deve se dispensar atenção quanto às elevadas desigualdades sociais que se exige muito esforço para que se alcance níveis mais elevados de justiça social.

Nesse aspecto deve ser construídas novas instituições que possam refletir uma integração ampliada, solidária, com forte componente de cidadania, e que leva em consideração a necessidade de reduzir as assimetrias entre os diversos participantes, de modo a viabilizar maior participação de setores antes excluídos dos processos políticos, propiciando o crescimento econômico com a distribuição de renda.

Subjacente a todas as formas de integração a cultura lusófana - de que o Brasil é herdeiro e agente – passou a interagir crescentemente com a cultura hispânica latino-americana. Isso não apenas no tocante às artes plásticas, literatura, música, folclore e ao intercâmbio linguístico, mas também quanto à troca de experiências e de conhecimento sobre culturas gerenciais, empreendedoras e técnico-científicas. Ora, os elementos culturais se revelam como um sistema de ideias que embasa uma sociedade.

Na era da internacionalização e da formação de cadeias produtivas em nível global, é improvável que qualquer país possa incrementar sua competitividade sem recorrer a parcerias e ao intercâmbio cultural, de conhecimento e de experiências de inovação com outros países.

Desse modo, os elementos constitutivos que aglutinam as comunidades – econômico, político, social e cultural – concorrem para a ideia de "formação de uma comunidade latino-americana de nações", conforme preconiza o parágrafo único do artigo 4º de nossa Constituição brasileira.

Nesse esforço, exsurgem os aspectos formal e ideal que incidem sobre a conceituação de comunidade latino-americana de nações. O primeiro aspecto – o formal – diz respeito (i) à aprovação de tratados constitutivos que originaram os diversos organismos regionais que conhecemos; (ii) à dotação de personalidade jurídica de Direito Internacional Público, que torna tais organismos entidades distintas dos Estados-Partes que os compõem; (iii) ao processo de internalização de normas e regras acordadas pelas instâncias decisórias dos organismos regionais no ordenamento jurídico de cada Estado-membro; (iv) à observância, em suma, do princípio da igualdade (formal) entre os Estados.

O Estado brasileiro por seus representantes tem-se voltado, enfaticamente, ao adensamento da integração e da estabilidade da comunidade latino-americana de nações, com destaque para à América do Sul, buscando o fortalecimento das parcerias estratégica com a Argentina; aprofundamento das diretrizes que norteiam o Mercosul, inclusive com mecanismos inovadores entre países em desenvolvimento, como o de pagamento em moedas locais, assim como a consolidação da União Aduaneira e avanços na integração política.

Acentue-se que o Mercosul tem hoje seu próprio Parlamento, cujos membros, pressupomos que em pouco tempo serão eleitos pelo sufrágio universal direto.

Nesse itere a União de Nações Sul-Americanas (UNASUL), cujo Tratado Constitutivo, que entrou em vigor em março de 2011, teve como objetivo consolidar uma genuína zona de paz e de prosperidade, calcada também na integração física. A UNASUL já demonstrou seu valor na promoção do entendimento e da solução pacífica de conflitos entre países sul-americanos e no interior desses países. A UNASUL, embora jovem, já confirmou sua eficácia.

Com o mesmo desiderato, a Organização dos Estados Americanos (OEA) passa por momento de reafirmação de sua vocação e relevância para promoção da paz e segurança regionais, com visão renovada dos interesses de seus membros à luz dos desafios dos novos tempos, não podendo prescindir do espaço de cooperação e diálogo e do arcabouço jurídico e político oferecidos pela Organização dos Estados Americanos (OEA), de cujo organismo o Brasil participa ativamente, apoiando, p. ex., esforços conducentes à reforma da Corte Interamericana de Direitos Humanos.

No aspecto ideal, isto é, o dever-ser, significa cuidar para que os organismos integracionistas favoreçam efetiva e progressivamente o bem-estar das populações. Para tanto, é preciso evitar transplantar modelos integracionistas finalísticos de outras regiões, assim como evitar a instituição de estruturas por demasiado burocráticos, que não atendam às reais demandas de nossos povos.

Trata-se de aproximar, paulatinamente, o elemento formal do ideal, conjugando-os, com vistas à criação de uma legítima comunidade latino-americana: economicamente progressiva, politicamente aberta, socialmente inclusiva e culturalmente diversificada, mas com afinidades claramente identificáveis.

Em vista das afinidades existentes entre os Estados e a interação entre eles, é de se flexibilizar o conceito de soberania enquanto elemento essencial do Estado moderno para, pouco a pouco, esmaecer-se, cedendo espaço à afirmação da comunidade dos povos sul americanos, porquanto, à medida que crescem os interesses comuns e se evidenciam os ganhos da integração, a soberania dos Estados cede e seu conceito se relativiza em face do bem-comum maior e do funcionamento dos mecanismos institucionais que garantem e formalizam a união dos esforços da comunidade de nações da região. No entanto, mais uma vez, afirma-se que a coesão dos Estados nessa região somente se firma de forma segura, mediante a outorga de uma constituição supranacional.

4.1. Base teórica da Constituição supranacional

A constituição supranacional em razão da força normativa deve indicar as diretrizes políticas e jurídicas de regência dos Estados, a exemplo que já existe instituindo por meio dos Tratados e Convenções.

Bruno Márcio Patrício Montenegro[1] em seu artigo intitulado Comunidade de Defesa Sul-Americana: uma abordagem constitutiva evoca que:

> os principais pressupostos da teoria construtivista das relações internacionais e a definição de "comunidades de segurança" de Karl Deutsch. A perspectiva construtivista traz para o campo das relações internacionais uma abordagem mais sociológica para os assuntos da comunidade internacional. Seus teóricos se baseiam na ideia de que

---

1 Bruno Márcio Patrício Montenegro, Mestrando em Relações Internacionais pelo Programa San Tiago Dantas (UNESP,PUC-SP, UNICAMP).Bacharel em Relações Internacionais

> as estruturas da política internacional são intersubjetivas (isto é, derivam das relações entre os sujeitos e atores) e de que elas definem os interesses e as identidades dos Estados. Nessas relações intersubjetivas, o compartilhamento de valores, normas e histórias entre os atores constituem um fator impulsionador dos processos de integração regional, que podem vir a formar, por exemplo, verdadeiras "comunidades de segurança". Essas comunidades são definidas por Deutsch como grupos de pessoas que, em um ambiente assinalado pela comunicação, possuem valores e responsabilidades em comum. A União das Nações Sul-Americanas (Unasul) constitui um desses processos de integração e o Conselho de Defesa Sul-Americano (CDS), que busca a integração da região em matéria de defesa, é um exemplo de mecanismo pelo qual se almeja o compartilhamento de valores e normas entre seus Estados membros.

Pela teoria construtivista o mundo é visto como produto da construção humana, resultante das suas relações sendo, ele, o homem, verdadeiro ente político.

Há quem argumente que o construtivismo não é uma teoria de *per si* das Relações Internacionais, mas uma metateoria, sendo que a abordagem construtivista representa uma maneira de estudar as relações sociais, porque um de seus pressupostos é de que os seres humanos são seres sociais.

Para os construtivistas, as estruturas não são objetos reificados, mas podem ser mudados pelos entes sociais, por suas práticas e pelos seus discursos.

O compartilhamento de valores, normas, histórias e culturas, podem conduzir um determinado grupo de Estados a formarem uma comunidade de segurança, que, aliás, a definição de comunidade de segurança, se coaduna com o entendimento de alguns dos processos de integração regional do mundo contemporâneo.

Nesse cotejo, a União das Nações Sul-Americanas (Unasul) constitui um desses processos de integração e o Conselho de Defesa Sul-Americano (CDS) que almeja primordialmente a integração da região em matéria de defesa. Assim, identifica-se os principais propósitos e medidas de fomento na busca pela construção e manutenção da segurança e defesa da América do Sul.

Insta destacar os principais pressupostos da teoria construtivista das relações internacionais, entre eles a conceituação acerca das comunidades de segurança que Karl Deutsch[2], afirma se encaixar no debate construtivista ao lado da criação do Conselho de Defesa Sul-Americano e de seus principais objetivos que reafirma a segurança da comunidade de Estados.

Vê-se que a teoria construtivista, como dito alhures, trata-se de pensar o mundo como fruto da construção humana, resultado das suas relações. Faz do homem, por conseguinte, verdadeiro ator político.

Os teóricos construtivistas possuem um discurso mais sociológico para a teoria do sistema internacional ao declararem que os Estados são as principais unidades de análise da política internacional, sendo que as estruturas principais do sistema são intersubjetivas.

Para Emanuel Adler[3] (1999:201-208),

> o construtivismo é uma perspectiva teórica que observa o modo como o mundo é formado pelas ações e interações humanas, isto é, pelas relações intersubjetivas. Os construtivistas embora aceitem a noção de que há um mundo real, acreditam, no entanto, que ele não é inteiramente determinado pela realidade física e é socialmente emergente. Acentua, ademais, que as identidades, os interesses e o comportamento dos agentes políticos são socialmente construídos por significados, interpretações e pressupostos, coletivos sobre o mundo. Os significados intersubjetivos envolvem tanto as crenças de cada indivíduo como também o conhecimento coletivo. Existe sim um compartilhamento de pensamentos, mas isto não significa que cada indivíduo não tenha seus próprios propósitos e intenções. As crenças intersubjetivas comuns do ser humano, os significados intersubjetivos são responsáveis pela formação do mundo social, dos agentes e da estrutura, enfim, das relações internacionais.

De acordo com Robert Jackson e Georg Sorense[4](2007:48):

> coletivamente, essas regras e práticas constituem uma realidade política intersubjetiva. Uma ciência social de Relações Internacionais

2 DEUTSCH, Karl. **The Political Science Reviewer**. Disponível em: <http://www.mmisi.org/pr/02_01/pfaltzgraff.pdf> Acesso em: 29 de Agosto/20.

3 ADLER, Emmanuel. **O construtivismo no estudo das relações internacionais**. Lua Nova, Nº 47, p. 201-246, 1999.

4 JACKSON, Robert; SORENSEN, Georg. **Introdução às relações internacionais** - Teorias e Abordagens. Rio de Janeiro: Jorge Zahar Editor, 2007, p. 333-357.

pode ser construída sob a análise construtivista dessa realidade intersubjetiva – este é o objetivo da maioria dos construtivistas.

Importa observar, também, a existência de um debate sobre se de fato o construtivismo constitui mesmo uma teoria ou representa apenas uma abordagem ou método de análise. Mesmo assim, independentemente desse debate tem-se que o construtivismo traz importantes discussões para a área das relações internacionais, em especial, as relações intersubjetivas dos povos sul americanos.

Para Alexander Wendt[5], a preocupação central da teoria construtivista é a questão de como a política mundial é socialmente construída, questão essa que envolve duas reivindicações fundamentais: a primeira de que as estruturas fundamentais da política internacional são sociais em vez de estritamente materiais; e a segunda de que tais estruturas dão forma aos interesses e às identidades dos atores, em vez de apenas moldar o seu comportamento. Para Wendt, existe uma constituição mútua de agente e estrutura, isto é, uma co-constituição, não existindo, portanto, antecedência ontológica para o construtivismo. Considera também que processos históricos específicos conduzem à formação dos interesses dos Estados.

Para identificar e compreender esses interesses e essas identidades um dos focos de percepção é o discurso, que não apenas reflete, mas também amolda as crenças e os interesses e, além disso, estabelece normas, que são socialmente aceitas por todos.

Wendt[6](1995:74) atesta que:

> a política internacional é anárquica. As estruturas sociais possuem três elementos: conhecimento compartilhado, recursos materiais e práticas. A base intersubjetiva das identidades e dos interesses dos Estados pode ser cooperativa ou conflituosa. Nesse sentido, a Guerra Fria foi: uma estrutura social em virtude da qual os Estados Unidos e a União Soviética tinham certas identidades. Estas foram incorporadas às "visões de mundo da segurança nacional" em que cada

5 WENDT, Alexander. **Collective Identity formation and the International State**. The American political Science Review, Vol. 88, N° 2, 1994.

6 Idem, ob. Cit, 1994, p. 74– Tradução livre.

> um definia o eu e o outro e as posições de função na estrutura social. O conteúdo dos interesses nacionais era em parte uma função destas identidades construídas estruturalmente (assim como dos domésticos). Os Estados Unidos tinham interesse em resistir à influência soviética em Angola porque os soviéticos eram um inimigo e a inimizade é uma relação social. A "Guerra Fria era uma estrutura de conhecimento compartilhado que governou as relações entre as grandes potências por quarenta anos, mas uma vez que parou de atuarem nessa base, ela estava acabada.

Infere-se que para o construtivismo o sistema internacional é formado por um conjunto de ideias, pensamentos e normas. Assim, "se pensamentos e ideias gerados nas relações internacionais se modificam, o sistema, portanto, mudará também, já que consiste de pensamentos e ideias".

Certo é que o mundo social é construído pelos indivíduos, decorrência da consciência humana. Fazem parte deste mundo algumas instituições físicas, como as organizações internacionais a exemplo da Organização das Nações Unidas, mas o que importa são as ideias e crenças que estão por trás dessas instituições.

Mas, em relevo, como pressuposto da identidade coletiva, a teoria construtivista, também, aborda as identidades dos atores internacionais que formam a base para a constituição de seus interesses.

De acordo com Wendt[7] identidades coletivas geram interesses coletivos, que contestam a ideia de que os atores sempre agem egoisticamente, como afirmado pela teoria neorrealista[8].

---

7 Idem, ob. Cit. p. 74.

8 O neorrealismo sustenta que a natureza da estrutura internacional é definida pelo seu princípio de primeira ordem — a anarquia — e pela distribuição de recursos (medidos pelo número de grandes potências no sistema internacional). O princípio de ordem anárquica da estrutura internacional é descentralizada, ou seja, não existe nenhum centro formal de autoridade; cada Estado soberano é formalmente igual no sistema. Estes Estados agem de acordo com a lógica da auto-ajuda, ou seja, os Estados buscam os seus próprios interesses em detrimento dos interesses dos outros Estados. Unidos, os Estados querem, no mínimo, garantir a sua própria sobrevivência, pois este é um pré-requisito para perseguir outros objetivos. Esta força motriz da sobrevivência é o principal fator que influencia o seu compor-

Assim, existe lugar no sistema internacional para a solidariedade, a lealdade, a identidade comum, etc., Constitui assim o chamado tripé ontológico do construtivismo: a importância das estruturas normativas; o papel das identidades na constituição de

---

tamento e, por sua vez, garante aos Estados desenvolverem recursos para ofensivas militares ou intervencionismo como meios para aumentar o seu poder relativo. Porque os Estados nunca poderão ter certeza das intenções futuras de outros Estados, pois existe uma falta de confiança entre os Estados que os obriga a estarem em guarda contra perdas relativas de poder que poderiam permitir que outros Estados ameaçassem a sua sobrevivência. Essa falta de confiança, com base na incerteza, é chamada de dilema de segurança. Os Estados são considerados semelhantes em termos de necessidades, mas não em recursos para atingi-los. A posição dos Estados em termos de habilidades determina a distribuição de recursos. A distribuição estrutural de recursos limita a cooperação entre os Estados, por meio dos temores de ganhos relativos por outros Estados e a possibilidade de dependência para os outros Estados. O desejo e a capacidade relativa de cada Estado constrange um ao outro, resultando em um equilíbrio de poder, que molda as relações internacionais. Isto também entra no "dilema de segurança", em que todas as nações se enfrentam. Há duas maneiras em que os Estados podem estabelecer um equilíbrio de poder: o equilíbrio externo e interno. O equilíbrio interno ocorre quando as capacidades dos Estados crescem, aumentando o seu crescimento econômico e/ou despesa militar. O equilíbrio externo ocorre quando os Estados formam alianças para testar o poder dos outros Estados ou alianças mais poderosas. Os neorrealistas afirmam que existem essencialmente três sistemas possíveis de acordo com as mudanças na distribuição de capacidades, definidos pelo número de grandes potências no sistema internacional. Um sistema unipolar que contém somente uma grande potência, um sistema bipolar que contém duas grandes potências e um sistema multipolar que contém mais de duas grandes potências. Os neorrealistas concluem então que um sistema bipolar é mais estável (menos propenso a uma guerra entre as outras potências e uma mudança no sistema), que um sistema de equilíbrio multipolar, porque só pode haver um equilíbrio interno, não externo, pois não existem outras grandes potências com as quais formar alianças. Os neoliberais enfatizam os ganhos absolutos da cooperação internacional, enquanto os neorrealistas o fazem com ganhos relativos. Os neorrealistas se perguntam quem ganhará mais com a cooperação internacional, enquanto que os neoliberais estão concentrados em maximizar o nível total de ganhos de todas as partes. Os neorrealistas assumem que, por causa da anarquia, os Estados tendem a estarem preocupados pelas questões de segurança e pelas causas e efeitos das guerras, enquanto os neoliberais se concentram na

interesses e das ações dos entes construtores sociais; e a constituição mútua de agentes e estrutura.

Em seu artigo intitulado *Anarchy is what States Make of it: The Social Construction of Power Politics*, de 1992, para Wendt[9], destaca que

> aquilo que os Estados fazem, afeta a estrutura social na qual eles estão inseridos. Desta maneira, se alguns Estados se armam, outros também o farão, pois verão tal atitude como uma possível ameaça, podendo criar um dilema de segurança ou levando ao equilíbrio de poder. Mas se eles estão engajados em outras políticas, p. ex., na busca de restaurar a confiança, eles caminham para uma comunidade de segurança. Neste sentido, a anarquia é o que os Estados fazem dela. Uma anarquia de amigos difere da de inimigos, a da autoajuda da anarquia de segurança coletiva, e todas elas são constituídas pelas estruturas de conhecimento compartilhado.

Noutro ponto, destaca Wendt[10] (1994:388), que a soberania é uma identidade social, que pertence tanto aos Estados como à sociedade internacional. Ela está na maioria das vezes associada ao controle territorial, sendo, portanto, apenas um direito. Se este direito é reconhecido por outros Estados, a soberania então é tida como uma instituição que reduz os perigos da anarquia e ajuda os Estados a sobreviver.

---

economia política internacional e no meio ambiente. Assim, cada um tende a ver as perspectivas da cooperação internacional de maneira diferente: estudam mundos diferentes. Os neorrealistas se concentram nas capacidades antes das intenções, enquanto os neoliberais prestam mais atenção as intenções e percepções do que nas capacidades. Os neorrealistas não acreditam nas instituições internacionais e nos regimes que possam mitigar os efeitos limitadores da anarquia na cooperação internacional, enquanto que os neoliberais acreditam que os regimes e instituições possam facilitar a cooperação. Assim, finalmente, o debate ou, para outros, a síntese entre o neorrealismo e o neoliberalismo criou um núcleo rígido da disciplina das Relações Internacionais desde os anos 1980, onde se há desenvolvido a subdisciplina da economia internacional e tende a se direcionar até uma convergência evidente no que e no como, segundo **Robert Owen Keohane** (Chicago, 3 de outubro de 1941), é um cientista político estadunidense.

9 Idem, ob. Cit. p. 75

10 WENDT, 1994, p. 388. Tradução livre

Importante característica da teoria construtivista, já apontada, é a possibilidade de mudança no sistema internacional, porquanto as perspectivas de mudanças e as consequentes mudanças que acarreta no meio internacional, a exemplo do fim da guerra fria que fomentou novas perspectivas nas relações internacionais.

Segundo Wendt[11], 'a mudança da estrutura requer uma mudança de um sistema de expectativas. Algumas vezes as próprias estruturas sociais constrangem uma ação transformadora'. Mesmo assim, ela é possível quando os entes redefinem quem eles são e o que eles querem. As identidades e interesses deles são endógenos à sua interação e, portanto, fazem parte deste processo.

Com esse mesmo intento Nicholas Onuf[12](1995:43), partindo de uma perspectiva construtivista, acende o debate acerca das instituições, destacando que:

> a sociedade internacional pode ser descrita em profundidade histórica e sociológica e a realidade não é algo dado, mas é fruto de uma construção. De um ponto de vista sociológico as instituições são as marcas da sociedade, p. ex., a propriedade e o casamento são instituições que consistem do reconhecimento e estabelecimento de usos e costumes entre indivíduos ou grupos, formando um estável, complexo, integrado e organizado padrão de comportamento composto por regras. As instituições consistem de regras e existem para fazer funcionar as regras. A anarquia é a instituição mais geral no contexto das relações internacionais, que prescreve papéis coletivamente e que transforma Estados em agentes.

Nesse ponto Karl Deutsch citado por ADLER[13] (1999:213), define comunidades de segurança como "grupos de pessoas que compartilham um ambiente comunicativo e, consequentemente, compartilham valores, responsabilidades [um sentimento de nós] e confianças mútuas"

---

11 Idem ob cit.p. 389.

12 ONUF, Nicholas. **Intervention for the Common Good**. *IN*: LYONS, Gene M.; MASTANDUNO, Michael (Eds.). Beyond Westphalia. State Sovereignty and International Intervention. Baltimore: The Johns Hopkins University Press, 1995, p. 43-58.

13 Karl Deustsch apud ADLER, Emmanuel. **O construtivismo no estudo das relações internacionais**. Lua Nova, Nº 47, 1999, p. 213.

Percebe-se que essas comunidades de segurança constituem verdadeiras comunidades intersubjetivas.

Andrew Hurrel[14] (1999:65), acentua que a emergência de comunidades de segurança e de zonas de paz democrática dentro de determinadas regiões dá aos liberais mais uma razão para supor que a anarquia e o conflito não são características inevitáveis e imutáveis da vida internacional.

Como visto, explicações teóricas e empíricas dão sustentação para a preservação das relações internacionais.

Nesse sentido, Deutsch partindo de sua teoria das "comunidades de segurança", aponta que através dessa integração/cooperação existe a possibilidade de superar disputas e conflitos, uma vez que na perspectiva construtivista aponta pressupostos favoráveis ao seu pensamento do que em qualquer outra teoria. O primeiro desses pressupostos é a visão construtivista da natureza social da cooperação; o segundo é o caráter constitutivo das relações internacionais; e por fim, o entendimento muito mais estrutural do que material, da estrutura que dá forma aos interesses e identidades dos Estados.

Sabe-se que as relações internacionais, enquanto processos sociais, resultam na construção de identidade, que têm a sua base em transações, interações e na socialização dos entes (sub) estatais.

Os interesses comuns e a formação de identidades coletivas são os pressupostos da mudança pacífica.

Nesse ponto, Deutsch destaca dois tipos de comunidades de segurança: as fundidas e as pluralistas. A diferença entre as duas está no fato de que no primeiro tipo existe uma fusão política formal entre os Estados e no segundo existe a conservação da independência e soberania deles.

4.2. Conservação da soberania entre os Estados

A integração sul americana deve guarnecer a soberania entre os Estados membros, tendo como pressuposto o Federalismo. Assim, a possibilidade de sustentação da soberania com a forma-

---

14 Idem. Ob.cit. p, 213.

ção da comunidade de segurança pluralista, defendida por ADLER e BARNETT[15], como sendo "uma região transnacional composta de Estados soberanos cujo povo mantém expectativas seguras de mudança pacífica".

Essa possibilidade se materializa em razão da profundidade de confiança e pelo grau e natureza da sua institucionalização, estabelecida segundo a ordem: nascente, ascendente e madura.

Na fase nascente não existe necessariamente o desejo de criar uma comunidade de segurança por parte dos governos. Nessa fase esses governos descobrem ou reconhecem que possuem interesses comuns no que tange à segurança e que podem se beneficiar mutuamente através da coordenação de suas políticas.

Na fase ascendente, segundo Adler e Barnett[16], presencia-se o aumento das relações entre os Estados, com a criação de novas instituições e organizações que refletem por sua vez o fortalecimento da cooperação e coordenação militar e a diminuição da percepção de que o outro Estado representa uma ameaça à minha segurança.

E por fim, na fase madura, cada vez mais essas relações tornam-se institucionalizadas, tanto no ambiente doméstico quanto no supranacional, e cada vez mais a guerra torna-se improvável. Aqui nessa fase os Estados compartilham uma identidade, e forma-se então uma comunidade de segurança.

Para Adler e Barnett[17], após a criação dessas comunidades elas podem ainda ser diferenciadas pela força do seu vínculo, neste sentido podem ser fortes ou fracas. O que define a força desse vínculo são alguns indicadores que estabelecem o alto ou baixo grau de confiança, da identidade compartilhada, da probabilidade de conflitos, etc.

Como visto, os indicadores que definem uma comunidade de segurança de vínculo fraco são: o multilateralismo, patrulhamento das fronteiras não reforçado, mudanças no planejamento militar, a definição comum de ameaças externas e um código/discurso também comum da comunidade.

15 Idem. Ob.cit. 1998, p, 30.

16 Idem ob. Cit. p. 31

17 Idem ob. Cit. p. 31.

Já em uma comunidade de segurança de forte vínculo, os indicadores que a definem são: segurança coletiva e cooperativa, alto grau de integração militar, a coordenação política contra ameaças "internas", a livre circulação da população, a institucionalização da autoridade e o estabelecimento de uma política multidimensional.

Para Flemes[18], as comunidades de vínculo fraco possuem apenas as características mínimas de sua definição. Para ele nesse caso "as populações dos estados soberanos vivem na expectativa de uma mudança pacífica. Numerosas instituições e organizações fortalecem e reproduzem as relações de intercâmbio dentro da comunidade de segurança"). No segundo caso, isto é, as comunidades de forte vínculo, "dispõem de um conjunto de regras que se situa entre o do Estado nacional soberano e o de um governo central supranacional da região".

Com base nessa teoria e considerando o elevado índice de contingência verificado nos últimos anos, as mudanças para a política internacional, principalmente com relação à segurança, se modificam desde a política externa dos países ao modo de vida das pessoas.

A despeito disso, os ataques de 11 de setembro de 2001, no Estados Unidos, provocaram um aumento na preocupação com a segurança dos Estados fazendo-os adotarem medidas de segurança, v. g., o surgimento de regimes regionais de segurança que, no caso da América do Sul, na busca pela segurança local para manter a região unida e em paz, surgiu o Conselho de Defesa Sul-Americano (CDS).

Esse processo de regionalização da segurança, de um modo geral passa a envolver primordialmente questões tais como o narcotráfico, a migração, a criminalidade (grupos guerrilheiros e para-militares), entre outros.

De acordo com Grace Tanno[19] (2003, p. 67), "Buzan mostra que os atuais processos de regionalização econômica são acompanhados pela formação de comunidades de segurança, o que pode

18 FLEMES, 2005, p. 224 - 225

19 TANNO,G. . Liga das Nações e segurança coletiva: duas perspectivas independentes de análise. In: Associação Brasileira para o Progresso da Ciência, 2000, Brasília, 2000, p. 67.

ser constatado na América Latina, Europa Ocidental, Ásia, África e América do Norte".

O CDS integrante da UNASUL, se constitui num processo de integração regional que envolve todos os países da América do Sul[20] como Estados-membros, e ainda México e Panamá como membros observadores. Sua proposta de criação foi anunciada na 3° Reunião de Presidentes da América do Sul no dia 08 de Dezembro de 2004, na cidade de Cuzco, Peru. Nessa reunião houve a elaboração do documento "Declaração de Cuzco", que continha os pilares de formação da então chamada CASA (Comunidade Sul-Americana de Nações).

Conforme o Tratado Constitutivo da União de Nações Sul-Americanas, essas nações se apoiam em uma história, valores e objetivos comuns. Aliás, essa instituição, tem como objetivo construir, de maneira participativa e consensual um espaço de integração e união no âmbito cultural, social, econômico e político entre seus povos, priorizando o diálogo político, as políticas sociais, a educação, a energia, a infraestrutura, o financiamento e o meio ambiente, entre outros, com vistas a eliminar a desigualdade socioeconômica, alcançar a inclusão social e a participação cidadã, fortalecer a democracia e reduzir as assimetrias no marco do fortalecimento da soberania e independência dos Estados[21]

O Conselho de Defesa Sul-Americano por sua vez, surge para ocupar um lugar praticamente vago no continente sul-americano, já que não existia outro órgão de mesma natureza que cuidasse especificamente do problema da defesa na América do Sul. Apesar de existir o Tratado Interamericano de Assistência Recíproca (TIAR), no âmbito da OEA, ele não constitui um órgão especificamente sul-americano, pois abarca outros países da América da Norte, América Central e Caribe, além de possuir uma agenda bastante travada devido aos diferentes entendimentos dos Estados.

20 São eles: Brasil, Argentina, Paraguai, Uruguai, Venezuela, Colômbia, Bolívia, Equador, Peru, Chile, Suriname e Guiana.

21 Tratado Constitutivo da Unasul, Art. 2°. Disponível em: <http://www.itamaraty.gov.br/temas/america-do-sul-e-integracao-regional/unasul/tratado-constitutivo-da-unasul>. Acesso em 14 de Novembro/2014.

O Conselho de Defesa Sul-Americano foi criado em 2008 na III Reunião Ordinária da Unasul. De acordo com o Estatuto do Conselho os objetivos gerais são: consolidar a América do Sul como uma zona de paz, base para a estabilidade democrática e o desenvolvimento integral dos povos e como contribuição à paz mundial; construir uma identidade sul-americana em matéria de defesa, que leve em conta as características sub-regionais e regionais e que contribua com o fortalecimento da unidade da América Latina e Caribe; e gerar consensos para fortalecer a cooperação regional em matéria de defesa.

Apesar dos objetivos comuns destacados no Estatuto do CDS, é de se destacar que os Estados possuem interesses diversos presentes em suas agendas de política externa, além de outros problemas políticos. No entanto, do mesmo modo, existem entre os países da região valores, normas e históricos comuns que impulsionam na formação de uma comunidade de segurança.

Daniel Flemes[22] (2005, p. 217) assevera que,

> pode-se presumir, por vários motivos, que o padrão normativo de estados vizinhos apresenta, desde o início, paralelos em sua natureza e evolução. Isso também vale, e com maior razão, para sub-regiões, tais como o Sul da América Latina, uma vez que os estados limítrofes possuem um amplo espectro de experiências históricas comuns e um contexto cultural semelhante, o que promove a mútua compreensão e a coordenação pacífica dos interesses nacionais.

Com o fim da bipolaridade marcada pela chamada Guerra Fria e consequente soerguimento de uma nova ordem mundial, alguns vácuos de poder surgiram no sistema internacional, fazendo com que alguns países os disputassem.

Para alguns analistas, tal disputa foi ou será vencida pelas chamadas potências emergentes.

O Brasil tem buscado nos últimos anos ocupar uma posição de maior relevo no sistema internacional. Tem sido considerado ainda líder da região sul-americana e, por considerá-la uma nova

22 Flemes, Daniel. Notas teóricas sobre a formação de uma comunidade de segurança entre a Argentina, o Brasil e o Chile. *Rev. Sociol. Polit.*, Jun 2005, no.24, p.217-231. ISSN 0104-4478.

área de promissoras relações, tem direcionado cada vez mais sua atenção para a região.

Como afirma Amado Luiz Cervo[23] (2008, p. 200), "as relações de um país com a vizinhança condicionam, pois, as possibilidades do desenvolvimento, acelerando-o quando incorporam em seus cálculos estratégicos vantagens comparativas intangíveis que dão impulso criador às capacidades de poder".

O espaço que o Brasil vem buscando e ocupando não representa um empecilho à integração da região sul-americana.

Para MIYAMOTO,[24] (2008, p. 106),

> interesses distintos fazem parte do quotidiano das nações, não importando seus tamanhos, porque dificilmente se consegue conciliar de maneira integral aspirações nacionais com projetos regionais. Todavia, mesmo em contextos adversos para os países da região, não seria exagero afirmar que todos eles, apesar das diferenças de demandas e de pontos de vista, apostaram na cooperação e integração como mecanismo para resolver problemas individuais e coletivos, o que, evidentemente, não exclui divergências periódicas.

Em relação ao Conselho de Defesa Sul-Americano, é interessante observar que algumas medidas de confiança e segurança têm sido fomentadas para auxiliar no processo de institucionalização do conselho, conquanto, essas medidas têm como base a troca de informações entre os países, comunicação acerca das atividades militares desenvolvidas e a possibilidade de verificação da situação das fronteiras.

Essa comunicação se mostra imprescindível para a formação de uma comunidade de segurança, uma vez que a comunicação pode produzir tanto uma situação de amizade quanto de hostilidade.

Nesse sentido o Brasil tem buscado essa integração com os demais países no campo militar. A elaboração da Estratégia Nacional de Defesa (END) em 2008 e os seminários realizados

---

23 Cervo, Amado Luiz. *Inserção Internacional: Formação dos Conceitos Brasileiros.* São Paulo: Saraiva, 2008. ISBN 978-85-0206570-3

24 S Miyamoto - O Brasil no cenário internacional de defesa e Segurança, Papirus Editora. 2008, p. 106.

para a futura criação do Livro Branco de Defesa, demonstram esse esforço na busca pela integração regional.

Para Eliezer Rizzo[25] (2009, p. 75) este é o teorema central da END já que "a liderança brasileira é condição essencial para a integração da América do Sul, por razões que vão da Geografia à Política, à Economia e à Defesa Nacional".

Elói Martins Senhoras[26] (2009, p. 1), sustenta que a cooperação regional em termos de política externa, segurança e defesa é relativamente difusa na América do Sul, a emergência de uma estrutura institucional de governança securitária regional somente pode ser compreendida como o resultado de consensos e ações compartilhadas ao redor de um grupo de assuntos.

Aliás, tal consenso erige em torno do interesse comum dos Estados, uma vez que a discussão é dos países sul-americanos, i. e., da região para os demais países do mundo e não de um pais da região de modo isolado.

Para Flemes (2005. p. 223) "em uma comunidade de segurança assim definida, o exército já não terá como função interna a dissuasão mútua, mas contribuirá apenas para a proteção dos estados compreendidos na comunidade de segurança perante ameaças externas".

É certo que os discursos oficiais dos Estados são muito importantes nessa questão. Como esclarecemos anteriormente, a segurança é um fenômeno de percepção. Logo, demonstrar ao Estado vizinho que sua política está voltada para os objetivos do CDS e, portanto, para a busca pela integração, deve ser um dos primeiros passos realizados.

Marcela Donadio[27] (2010, p. 42) atesta que "Os processos de construção de confiança se constituem de ações (medidas) e também de percepções que, ainda sendo eminentemente subjetivas, têm consequências objetivas" Os "Procedimentos de aplicação das

---

25 Eliezer Rizzo

26 Elói Martins SENHORAS.O Conselho Sul-Americano de Defesa e as Percepções da Construção da Segurança Cooperativa no Complexo Regional da América do Sul, 2009, p. 1.

27 Marcela Donadio, 2010, p - 14

medidas de fomento de confiança e segurança", elaborados pelo CDS, se aproximam muito dos indicadores de vínculo de uma comunidade de segurança.

Entre os procedimentos do CDS estão: 1) sobre a troca de informação e transparência: a organização e procedimentos dos Ministérios de Defesa; informações sobre os efetivos, forças e equipamentos das Forças Militares; 2) sobre as atividades intra e extra-regionais: mecanismo de notificação dos exercícios militares e de convite à observadores militares de outros países da UNASUL para acompanhar esses exercícios; 3) sobre as medidas no âmbito da segurança: medidas para prevenir a presença e ação de grupos armados; medidas de prevenção, combate e sanção contra atos de terrorismo; 4) sobre as garantias: garantia de conservação da América do Sul como uma zona livre de armas nucleares; 5) sobre o cumprimento e verificação: mecanismo voluntário de visitas à instalações militares; verificação da situação das zonas de fronteira.

Apesar desses procedimentos, a criação de uma identidade em matéria de defesa entre os países membros do CDS ainda está em processo de formação.

Pelo próprio fato de ser um processo recente, o CDS ainda não representa um organismo no qual podemos encontrar uma voz unitária em matéria de defesa e segurança. Contudo, de acordo com Augusto Teixeira Júnior (2010, p. 16), "mesmo se resumindo ainda a um conselho de cooperação e coordenação de políticas e experiências em defesa e segurança, o CDS constitui um lócus para construção de medidas de confiança mútua em temas sensíveis e estratégicos".

Visto dessa forma O CDS constitui um importante mecanismo para a América do Sul, na busca por uma região livre de ameaças, ou, quando estas existirem, uma região preparada para a sua defesa.

Todas as medidas e procedimentos de confiança do Conselho de Defesa Sul-Americano descritas neste trabalho nos fazem acreditar que a região caminha para uma "comunidade de segurança". Apesar de divergências que existem ou podem surgir entre os Estados membros do CDS, os valores e objetivos compartilhados devem ser muito mais exaltados, para que se possa alcançar o seu objetivo final.

Não obstante os postulados inerentes à sustentação da comunidade de segurança, assim como a preservação da soberania dos Estados, tais princípios ganham força cogente se apostos numa constituição supranacional.

4.3 - Constitucionalização do Direito Internacional – Constituição supranacional

Como visto a integração sul americana já dispões de importantes organismos de sustentação e ampliação dessa integração. No entanto, a verdadeira integração somente se consolida com a promulgação de uma Constituição supranacional, para, com isso, colmatar os interesses comuns dos estados num documento político-jurídico com força de constituição, a exemplo do que se ver na União Europeia.

Importa, nesse ponto, destacar a lição de Teixeira[28] (2011:149-150), para quem:

> O século XX se caracterizou pela definitiva separação do *jus publicum Europeum* e pela consolidação de um sistema de Estado nacionais destinado a abraçar todos os confins do globo terrestre. Primeiro com a Liga das Nações, e, em seguida com a Organização das Nações Unidas, um modelo universal de estruturação político-jurídica das relações internacionais começou a ganhar forma e conteúdo. Até 1890, por "humanidade se entendia, antes de tudo, a humanidade europeia, com civilização, obviamente somente a civilização europeia, e o progresso era a evolução linear desta civilização (Carl Schmitt, Der Nomos der Erde, trad. It. Cit., p. 288). No entanto, o crescimento do poder político e econômico dos Estados Unidos, somado aos diversos processos de independência política que tiveram sucesso, em especial, na América do Sul, forçou o eurocentrismo a ceder espaço ao globalismo. Desde a Liga das Nações, mas, sobretudo, após a criação da ONU, a inspiração Kantiana se tornou flagrante na própria Carta das Nações Unidas e em diversos outros documentos legais que consagravam, expressa ou tacitamente, a "paz perpétua" como um ideal a ser buscado por todas as nações civilizadas. Todas as mais significativas propostas de universalismo jurídico apresentadas du-

28 Teixeira, Anderson Vichinkeski. Teoria pluriversalista do direito internacional. São Paulo: Editora WMF Martins Fontes: 2011.

> rante o século XX sofreram algum tipo de influência pela Zum ewigen Frieden [à paz perpétua], a qual foi – e ainda é – uma espécie de "profissão de fé cosmopolita" que inspirava tão profundamente juristas, filósofos, sociólogos e cientistas políticos. Ainda que o direito cosmopolita[29] idealizado por Kant se resumisse a garantir a livre circulação de pessoas e bens de comércio por todo o mundo, permitindo que o estrangeiro fosse tratado como nacional, ou seja, sem sofrer discriminação, em qualquer país que estivesse, o autor alemão jamais demostrou ter imaginado que algum dia o grau de aproximação das relações interculturais e de superação dos limites geográficos pudesse chegar ao ponto que o atual mundo globalizado nos apresenta. Para Kant, o princípio do universalismo permitiria que a violação do direito ocorrida em dado lugar do mundo fosse sentida em toda parte, o que importaria dizer que alguém que fosse ofendido em um país que não é o seu de origem devesse ser tratado como se tivesse em sua própria nação. Desse modo, podemos considerar que a diferença entre direito internacional e direito cosmopolita residiria no fato de que o primeiro trata das relações entre Estados, e o segundo concerne às relações entre Estados e indivíduos tidos como estrangeiros ao Estado que se está tomando como parâmetro.

Diante dessas evidencias, se aproxima cada vez mais as possibilidades de integração dos povos sul-americanos quando, então, poderão usufruir dos benefícios do aprofundamento dessa integração assim como já fizeram, v. g, os europeus e, em certa medida, a América do Norte e algumas nações asiáticas.

Importa destacar a estrutura institucional do Mercosul, em relevo os postulados insertos no Protocolo de Ouro Preto, de

---

29 No Terceiro Artigo Definitivo do *Zum ewigen Frienden*, "O direito cosmopolita deve ser limita às condições de hospitalidade universal", Kant afirmava que: "Ora, uma vez que o estabelecimento de uma comunidade (mais ou menos estreita) entre os povos da Terra, que ao final acabou prevalecendo, chegou-se a tal ponto que a violação de um direito cometida em um aparte do mundo vem sentida em todas as outras partes, então, a ideia de um direito cosmopolita não parece mais como um tipo de representação quimérica e exaltada do direito, mas como um necessário complemento do código não escrito, tanto de direito político quanto de direito internacional, rumo ao direito público da humanidade, e, portanto, rumo à paz perpétua, de modo que somente sob tal condição podermos ficar em constante caminho rumo a esta". Immanuel Kant, Zum ewigen Fried (1975), trad. It. Per la pace perpetua, Milano, Feltrinelli, 2005, p. 68.

17/12/94, que definiu o quadro orgânico definitivo do Mercosul, que em seu artigo 2º, apresenta a estrutura do tipo intergovernamental onde estão representados os interesses de cada Estado, cujas decisões estão submetidas à regra da unanimidade dependendo de posterior ratificação pelos órgãos nacionais. Descartou-se a criação de órgãos supra-nacionais, acima dos Estados, que poderiam aplicar suas decisões, diretamente, sem transposição para o direito interno dos Estados-Partes e concedeu-se à obrigatoriedade das normas jurídicas do Mercosul um caráter precário e condicionado[30].

30 01. Art. 1. A estrutura institucional do Mercosul contará com os seguintes órgãos:
I-O Conselho do Mercado Comum (CMC);
II- O Grupo Mercado Comum (GMC);
III-A Comissão do Comércio do Mercosul (CCM
IV-A Comissão Parlamentar Conjunta (CPC);
V- O Foro Consultivo Econômico-Social (FCES);
VI-A Secretaria Administrativa do Mercosul (SAM).
Art. 2. São órgãos com capacidade decisória de natureza intergovernamental, o Conselho do Mercado Comum, o Grupo Mercado Comum e a Comissão de Comércio do Mercosul.
Art. 38. Os Estados-Partes comprometem-se a adotar todas as medidas necessárias para assegurar, em seus respectivos territórios, o cumprimento das normas emanadas dos órgãos do mercosul previstos no artigo 2 deste Protocolo.
Art. 40: Afim de garantir a vigência simultânea nos Estados-Partes das normas emanadas dos órgãos do MERCOSUL, previstos no art. 2 deste Protocolo, deverá ser observado o seguinte procedimento:
i) Uma vez aprovada a norma, os Estados-Partes adotarão as medidas necessárias para a incorporação ao ordenamento jurídico nacional e comunicarão as mesmas à Secretaria Administrativa do MERCOSUL;
ii) Quando todos os Estados-Partes tiverem informado sua incorporação aos respectivos ordenamentos juridicos internos, a Secretaria da Administração do MERCOSUL comunicará o fato a cada Estado-Parte;
iii) As normas entrarão em vigor simultaneamente nos Estados-Partes 30 dias após a data da comunicação efetuada pela Secretaria Administrativa do MERCOSUL, nos termos do item anterior. Com este objetivo, os Estados-Partes, dentro do prazo acima, darão publicidade do início da vigência das referidas normas por intermédio de seus respectivos diários oficiais.

Segundo Rui Manoel Ramos[31](1996:120):

> não se pode deixar de acentuar a fidelidade do MERCOSUL ao clássico modelo da intergovernamentalidade ou da cooperação, que caracteriza o mecanismo decisional da maior parte das organizações internacionais, em contraponto com a mais arrojada aposta do legislador comunitário no princípio da integração e na introdução de típicas notas de supra-nacionalidade. Fruto decerto da maior importância ainda hoje reconhecida no hemisfério sul-americano ao dogma da soberania estadual, bem como da menor pressão no sentido da unificação face à que caracteriza o pensamento e a vida política europeus do pós-guerra, o certo é que o Tratado de Assunção se afasta a este respeito, bem nitidamente, da construção comunitária.

Jorge Perez Otermin[32], a seu turno, ao referir-se aos Estados integrantes do Mercosul, afirma:

> Lo cierto es que el criterio que ha imperado, pero por cierto no unánimemente deseado, há sido y sigue siendo -incluso en el Protocolo de Ouro Preto - el negarle al proceso de integración el menor viso de supranacionalidad. Esta posición ha sido sostenida principalmente por Brasil, argumentando en impedimentos de orden constitucional.

Neste sentindo, é de se acentuar que a opção dos países do Mercosul, por esse tipo de estrutura e não pela integração estrita com um poder supranacional, é, na verdade a mais acentuada diferença entre este bloco regional e a União Europeia.

Evidencia-se que essa diferença na forma escolhida para solucionar as controvérsias no âmbito do Mercosul, cujos Estados-Partes optaram pela criação do Tribunal Arbitral -ad hoc- constituído de três árbitros, dois escolhidos pelas partes envolvidas no conflito e um terceiro de comum acordo, estranho à nacionalidade de ambos, para presidir o Tribunal.

---

31 RAMOS, Rui Manoel Moura. O Mercosul e a União Européia, in ALMEIDA, Elizabeth Accioly Pindo de. Mercosul & União Européia. Curitiba, Juruá Ed, 1996, p. 120

32 OTERMIN, Jorge Perez. **El Mercado Comum del Sur**, in ALMEIDA, Elizabeth Accioly Pinto de. op.cit. p. 123

Sobre a formação do Tribunal do Mercosul Luiz Olavo Baptista[33](1996:109), assim expõe:

> Do ponto de vista jurídico, parece haver obstáculos, ao menos do ponto de vista da Constituição brasileira. A criação do Tribunal do Mercosul, implicará a modificação das Constituições dos quatro países. Será preciso que eles admitam a existência de um órgão judicial supranacional, que predomine sobre a estrutura dos respectivos Poderes Judiciais. Nós não podemos de modo nenhum ignorar a nossa realidade sociológica. E nesta, o corporativismo impera. Na medida em que se disser que sobre as Cortes Supremas dos quatro países se erguerá uma outra Corte, que terá o poder de revogar as decisões dessas, imediatamente veremos o corporativismo judicial pôr-se em ação e reagir ante a ameaça de um poder mais alto. Será preciso, então, que o processo de educação que nascerá através da prática da Corte Arbitral e dos mecanismos de integração em geral, venha a demonstrar a necessidade e a utilidade de vir a se constituir a Justiça do Mercosul, que não será superior à Justiça de cada um dos países, senão naquelas matérias da sua exclusiva competência, isto é, verificar a integração e a atuação que se dá a normas comunitárias.

Nesse aspecto calha aqui destacar as regras constitucionais emanadas das Constituições dos Estados-Partes do Mercosul no que concerne à possibilidade de criação do órgão judicial supranacional.

Da análise dessa tendência é possível vislumbra que todos os países, principalmente o Brasil, têm como óbice as limitações impostas por suas respectivas Constituições, porquanto as Leis Fundamentais dos Estados integrantes do Mercosul apresentam disparidades em relação à questão, inclusive com reconhecimento, por parte de algumas, embora com restrições, à formação de uma ordem jurídica supranacional.

A Constituição do Paraguai, promulgada em 20 de julho de 1992, em seu artigo 145 prevê o instituto da supranacionalidade de forma literal, *in verbis*:

---

33 BAPTISTA, Luiz Olavo. **As Soluções de Divergências no Mercosul,** in Mercosul, seus efeitos jurídicos, econômicos e políticos nos Estados Membros, Porto Alegre, Livraria do Advogado, 1996, p. 109.

> La República del Paraguay, en condiciones de igualdad con otros Estados, admite un orden jurídico supranacional que garantice la vigencia de los derechos humanos, de la paz, de la justicia, de la cooperación y del desarrollo, en lo político,económico social y cultural. Dichas decisiones sólo podrán adoptar-se por mayoria absoluta de cada Cámara del Congresso.

A Argentina enfoca em seu artigo 75, inciso 24 de sua Constituição, promulgada em 22 de agosto de 1994, que ao Congresso compete:

> aprobar tratados de integración que deleguen competencias y jurisdiccíon a organizaciones supraestatales en condiciones de reciprocidad e igualdad, y que respecten el orden democrático y los derechos humanos. Las normas dictadas en su consecuencia tienen jerarquía superior a las leyes". La aprobación de estos tratados con Estados de Latinoamérica requerirá la mayoria absoluta de la totalidad de los miembros de cada Cámara. En caso de tratados com outros Estados, El Congresso de la Nación, con la mayoria absoluta de los miembros presentes de cada Cámara, declarará la conveniencia de la aprobación del tratado y sólo podrá ser aprobado con el voto de mayoria absoluta de la totalidad de los miembros de cada Cámara, después de cento e viente dias del acto declarativo"(...).

Denota-se que o legislador argentino procurou afirmar a supranacionalidade quando se refere à aprovação de tratados de integração com delegação de competência a organismos supraestatais, atribuindo-lhes hierarquia superior às leis nacionais, mas não à Constituição. Por outro lado, impõe a obrigatoriedade da observância de dois princípios constitucionais: *reciprocidade e igualdade*. Infere-se desta atitude, uma preocupação em proteger a soberania, condicionando o reconhecimento de um organismo com competência e jurisdição supranacional, à idêntica atitude por parte dos demais Estados-Membros, em igualdade de condições na tomada de decisões. O princípio da igualdade é observado, também, na Constituição do Paraguai.

Em contraposição, as Constituições do Uruguai e do Brasil, não contêm menção à supranacionalidade nem à possibilidade de uma ordem jurídica comunitária com superioridade hierárquica em relação às normas nacionais.

A Constituição da República Oriental do Uruguai, promulgada em 2 de fevereiro de 1967 e reformada em 1994, acentua, em seu artigo 4º, a plenitude da soberania nacional e a competência exclusiva da nação no estabelecimento de suas leis. No artigo 6º, por sua vez, determina que:

> *en los tratados internacionales que celebre la República propondrá la cláusula de que todas las diferencias que surjan entre las partes contratantes, serán decididas por el arbitraje u otros medios pacíficos. La República procurará la integración social y económica de los Estados Latinoamericanos, especialmente en lo que se refiere a la defensa común de sus productos y materias primas. Asimismo, propenderá a la efectiva complementación de sus servícios públicos.* (...).

Outorga, também, em seu artigo 85º, competência ao Congresso para aprovar ou reprovar, por maioria absoluta das duas Câmaras, os tratados celebrados pelo Poder Executivo com Estados estrangeiras.

Observa-se, portanto, o caráter restritivo imposto pela Constituição uruguaia, ao determinar, por um lado, exclusividade nacional para criação das leis vigentes no território nacional e, por outro, ao atribuir à arbitragem ou outros meios pacíficos, a solução de possíveis controvérsias no âmbito das relações internacionais, negando, com isso, qualquer possibilidade de um organismo com poder de sanção supranacional.

No pertinente à Constituição Brasileira, logo no art. 1º, encontram-se as seguintes disposições:

> Art. 1º. A República Federativa do Brasil, formada pela união indissolúvel dos Estados e Municípios e Distrito Federal, constitui-se em Estado Democrático de Direito e tem como fundamentos:
> I- a soberania; (...)
> Art. 4ºA República Federativa do Brasil rege-se nas suas relações internacionais pelos seguintes princípios:
> I- independência nacional;
> II - prevalência dos direitos humanos;
> III - auto-determinação dos povos;
> IV - não-intervenção;
> V- igualdade entre os Estados;
> VI - defesa da paz;
> VII - solução pacífica dos conflitos;
> VIII - repúdio ao terrorismo e ao racismo;

> IX - cooperação entre os povos para o progresso da humanidade;
> X - concessão de asilo político.
> Parágrafo único: A República Federativa do Brasil buscará a integração econômica, política, social e cultural dos povos da América Latina, visando à formação de uma comunidade latino-americana de nações.

Dessa contextualização é possível concluir que o parágrafo único do artigo 4º deixa claro que o Brasil conta com a autorização constitucional para buscar sua integração em uma comunidade sul-americana e que a existência desse artigo implica a aceitação de organismos supranacionais em detrimento do princípio clássico da soberania nacional, ainda que se trate de regra programática, sem qualquer pretensão de transferir soberania para uma possível organização com poderes supranacionais.

A noção de soberania do ponto de vista doutrinário, se expressa em diferentes acepções que podem ser agrupadas em dois grandes ramos de pensamento jurídico: i) o *constitucionalismo,* que, embora agrupe autores com diferentes métodos e ideologias, resume-se na afirmação do dogma da soberania absoluta, como supremacia do Estado sobre qualquer outro poder de decisão admitindo, no máximo, uma relativização da soberania estatal frente às relações exteriores; e, ii) o *internacionalismo,* que prega o desaparecimento da soberania e a *"subordinação da ordem interna à ordem internacional como ordem parcial do Direito"*, outorgando à supremacia do Estado uma dimensão menor no sentido de que *"não há, acima dele, nenhum outro Estado, mas apenas o direito internacional"*.

De qualquer sorte, no conjunto da doutrina brasileira evidencia-se a ideia de que o princípio da soberania se constitui em obstáculo natural à integração e à formação de uma ordem jurídica supranacional. Além disso, mesmo dentre aqueles autores que propugnam pela supremacia do direito nacional, há os que admitem ter, o conceito de soberania, caráter meramente formal e ideológico frente às relações imperialistas que se estabelecem no âmbito internacional entre os Estados ou frente à atuação das empresas transnacionais, verdadeiros "capitais sem pátria" que seguidamente interferem na política e economia dos chamados países do terceiro mundo.

Neste sentido, o Brasil é um desses países que tem sofrido ingerência externa na condução de sua política econômica ao longo de sua história. Entretanto, as disposições constitucionais referentes à supranacionalidade e a vontade política dos grupos no exercício governamental do país, leva a crer que, do ponto de vista do Brasil, a formação de uma ordem jurídica supranacional hierarquizada, no âmbito do Mercosul, encontra forte resistências, justificadas e consubstanciadas, paradoxalmente, na ideia de soberania nacional.

Da análise realizada das Constituições dos demais Estados integrantes do MERCOSUL acerca da supranacionalidade, evidenciou-se as semelhanças quanto à noção de soberania, bem como na consequente prática política, entre os governos envolvidos. Ficou claro que o Uruguai nega expressamente qualquer ordem jurídica de caráter supranacional; a Argentina e o Paraguai, embora a admitam com restrições, localizam-na abaixo de suas respectivas Constituições.

Com referência, ainda, ao Brasil, Luiz Olavo Baptista[34] acrescenta outros elementos constitucionais que obstaculizam a criação de um órgão supranacional, nos art. 22 e 24, os quais estabelece, entre outras, competências legislativas privativas da União e unidades federativas, não mencionando possibilidade de delegação, ao executivo do país ou de um organismo internacional. Acrescenta que um organismo nos moldes do Conselho da União Europeia, que acumula funções legislativas e administrativas, afrontaria a regra da separação dos poderes, que, juntamente com as determinações dos artigos 22 e 24, fazem parte das chamadas cláusulas pétreas da Constituição, sendo que uma reforma da Carta Fundamental, no sentido de adaptá-la às normas supranacionais, que afrontasse tais cláusulas, é incabível.

Quando se destaca as dificuldades de se estabelecer um conceito de soberania, tal proposição se funda no fato de que a pluralidade de ciências interessadas em sua definição leva a possibilidade de distorção conceitual, atendendo às vezes, inclusive,

34 Luiz Olavo Baptista

a conveniência política de quem a conceitua, como bem afirma Dalmo Dallar[35]:

> o conceito de soberania, claramente afirmado e teoricamente definido desde o século XVI, é um dos que mais têm atraído a atenção dos teóricos do Estado, filósofos do direito, cientistas políticos, internacionalistas, historiadores das doutrinas políticas, e de todos quantos se dedicam ao estudo das teorias e dos fenômenos jurídicos e políticos" (...) "dando margem a todas as distorções ditadas pela conveniência. Essas distorções têm sido uma consequência, sobretudo, da significação política do conceito, que se encontra na base de seu nascimento e que é inseparável dele, apesar de todo o esforço, relativamente bem sucedido, para discipliná-lo juridicamente.

Mais ainda, no tocante aos campos de estudo afetados no âmbito da soberania, além dos campos jurídicos e políticos, com muita ênfase deve se incluir o aspecto econômico, haja vista tratar-se de fator preponderante para explicar a soberania nos dias atuais.

Dalmo Dallar[36] destaca ainda, que "o conceito de soberania é uma das bases da ideia de Estado Moderno, tendo sido de excepcional importância para que se definisse, exercendo grande influência prática nos últimos séculos, sendo ainda uma característica fundamental do Estado".

Não obstante a defesa da soberania nacional dos Estados, essa condição não se mostra como empecilho para a promoção da integração regional, *vis-a-vis*, integrados os Estados fortalecem suas interdependências e dissipam forças entre si, assegurando, com maior resistência, as garantias imantada do Estado e passam a defender os princípios norteadores do Direito comunitário.

O Direito comunitário exteriorizado por normas e princípios estabelecidos a partir da celebração de tratados e acordos internacionais, justifica o processo de integração regional, porquanto traz em si as particularidades inerentes à supranacionalidade das normas daí originadas.

---

35 Dalmo Dallar. Elementos de Teoria Geral do Estado, SP: Saraiva, 23ª edição, 2002, p. 74.

36 Obra citada, p. 75.

Como é comezinho o Direito Internacional Público consistiu no desenvolvimento normativo e operacional das relações entre os Estados no sentido de manter a paz e a segurança no âmbito da sociedade internacional, desencadeando a cooperação entre as nações.

Nesse ponto, SOARES[37] (2000:189) acentua que:

> A cooperação mostrou-se um método seguro e eficaz, sendo que o direito acompanhou esta trajetória, ensejando o nascimento de um denominado Direito Comunitário, constituído de normas criadas pelos próprios Estados em um modelo autônomo que não prejudica as suas soberanias particulares. A supranacionalidade nasce, pois, como um elemento agregador dos Estados, fora dos Estados, mas que atua diretamente nos entes públicos e sobre seus particulares, de forma autônoma e com primazia sobre os ordenamentos jurídicos internos, inclusive constitucionais. Houve a criação de uma estrutura paralela aos Estados para o funcionamento e desenvolvimento desta supranacionalidade, com competências legislativa, executiva e jurisdicionais autônomas, independentes, exclusivas, imperativas. Não é o que dispomos no Mercosul até o presente instante, talvez por que nossa história não nos tenha imposto uma necessidade de sobrevivência e cooperação tão incisiva quanto àquela aplica à Europa.

A experiência europeia decorrente do processo histórico ao qual aquele continente foi submetido, sob relevo a segunda guerra mundial que fez emergir a necessidade de reconstrução dos Estados Europeu, exsurgiu uma nova mentalidade que fez com que os antagonismos e revanchismos históricos fossem suprimidos.

O Direito Comunitário exsurge, pois, da cooperação entre os povos, da constatação da premente necessidade de ajuda recíproca para sobrevivência dos Estados que, no caso dos Estados europeus, viram a sua ilusão aniquiladora do outro ser substituída pela inevitável reconstrução. Não bastava o agir por si próprio, os Estados em ruínas enxergaram a cooperação como única forma de renascimento de suas tradições e do próprio continente.

Importa destacar que o denominado Direito Comunitário, originalmente está ligado à criação e desenvolvimento da União

37 SOARES, Mário Lúcio Quintão. Direitos fundamentais e direito comunitário. Belo Horizonte, 2000, p. 189.

Europeia, praticamente não se vislumbrando outros esforços de integração regional em igual sentido em outros lugares, com avanços semelhantes no sentido da supranacionalidade. Nisso, portanto, o Direito Comunitário distingue-se do Direito Internacional Público, porquanto, este, aplicado em boa parte aos blocos regionais para reger as relações entre Estados membros, como no próprio Mercosul, aí se utilizando de procedimentos intergovernamentais, enquanto que naquele o Direito é concebido de modo uniforme, instituído com o objetivo de resguarda os interesses comuns dos Estados em vista à cooperação entre eles.

Vale acentuar que a criação de um espaço europeu de cooperação ocorreu de forma gradativa e tendo em vista a busca de interesses delimitados para a obtenção de vantagens para os Estados que se associaram.

Um ponto central no pós-guerra consistiu no fenômeno da comunitarização, que é entendida, conforme Mario Lucio Quintão Soares[38], como "a gradativa transferência de competências ou políticas comunitárias pertinentes à consecução dos objetivos da União Europeia, ainda submetidas ao marco governamental, para o âmbito dos tratados comunitários e de seus procedimentos, ao consolidar o espaço comunitário europeu". Para Mário[39] (2005:76), há uma intima relação se causa e efeito entre a cooperação jurídica entre os Estados Europeus e a comunitarização, respectivamente. A instrumentalização do Direito Comunitário decorreu de tratados específicos, denominado tratados comunitários, que não se confundem com os tratados internacionais tradicionais do Direito Internacional Público. Os tratados comunitários visam estabelecer uma nova ordem jurídica, autônoma, com finalidades específicas e aplicação imediata, que concorrem com o âmbito de atuação normativa dos Estados-membros.

Desse modo, a União Sul Americana de Estados demanda a elaboração de uma Constituição supranacional com âncora num parlamento eleito para tal fim.

38 Idem ob. Cit., p. 189.

39 Idem ob. Cit. p. 190.

4.4. Supremacia da Constituição como meio de integração dos povos Sul Americanos.

De se notar que este capítulo tem como objetivo demonstrar a viabilidade da unificação dos povos sul-americanos, considerando a posição geopolítica dos Estados, através da formação de uma comunidade, que teriam por base os elementos unificadores reconhecidos previamente por regras jurídicas comuns aos Estados-Membros. Para tanto, utilizaremos como suporte teórico algumas ideias de Konrad Hesse (1991) [40].

Segundo esse autor, o pensamento constitucional do passado recente está marcado pela separação entre a norma e a realidade, que pode vir a confirmar a tese que atribui exclusiva força determinante às relações fáticas. Contudo, faz-se mister, por um lado, estabelecer uma relação entre o abandono da normatividade em favor do domínio das relações fáticas e, por outro lado, a normatividade sem qualquer elemento de realidade (HESSE, 1991, p. 14).

Aqui, abordamos o fato de aquela ideia de poder constituinte relacionada ao constitucionalista clássico, que vem ocorrendo fora dos moldes tradicionais no contexto da União Europeia e do próprio Direito Internacional no mundo globalizado, tem sido repensado, sendo que o Tratado Internacional enquanto instrumento jurídico de vinculação entre os Estados é visto como meio fomentador de normas que obrigam a Comunidade Internacional do mesmo modo que as leis se impõem às instituições e ao povo no limite dos parâmetros soberanos de um Estado-nação.

Com base no entendimento de Hesse (1991) sobre a rigidez e mobilidade da Constituição, acreditamos que tais aspectos po-

40 Na obra "A força Normativa da Constituição" (1991), que se situa no contexto de análise do problema da "crise da constituição". A obra inicia resumindo a obra de Ferdinand Lassale, indicando que sua concepção continua presente, mas afirma que considerada em suas consequências, a concepção da força determinante das relações fáticas significa que a condição de eficácia da constituição jurídica, ou seja, a coincidência entre realidade e norma constitui apenas um limite hipotético extremo. Menciona assim, Hesse (1991, p.10) que a ideia de um efeito determinante exclusivo da constituição real não significa outra coisa senão a própria negação da constituição jurídica.

dem ser aplicados ao constitucionalismo pós-nacional, associando a elasticidade com a estabilidade para além do Estado nacional moderno.

Os Estados sul-americanos apresentam grande dependência econômica, tecnológica e cultural, a maioria tem altas dívidas com os grandes bancos e instituições financeiras dos países desenvolvidos. Considerando que são países que estão apenas parcialmente unidos pela língua, não será fácil definir um único elemento unificador desse conjunto de Estados, visando à construção de um contexto amplo de interdependência.

Nesse sentido, entendemos que a coesão dos Estados sul-americanos somente se firmará de forma segura, mediante a outorga de uma constituição supranacional. Para Hesse (1991, p. 15) uma constituição é determinada pela realidade social e, ao mesmo tempo, determinante em relação a ela, de forma que não se pode definir como fundamental a pura normatividade nem a simples eficácia das condições sociopolíticas e econômicas. Assim, "a força condicionante da realidade e a normatividade podem ser diferenciadas, mas não podem ser definitivamente separadas ou confundidas".

A complexidade está no fato de a América do Sul ser formada por um conjunto de países que detêm suas peculiaridades. Porém, um dos vários elementos que dá certo sentido a esse conjunto é basicamente a atual situação de dependência e subdesenvolvimento como consequência de sua formação histórica. Os países latino-americanos apresentam muitas semelhanças entre si: processo de colonização, subdesenvolvimento, dependência externa e autoritarismo político.

Todavia, acreditamos ser possível a formação de uma comunidade de Estados sul-americanos, estabelecendo uma conexão entre estudos avançados nos campos da formação dos Estados nacionais, das relações internacionais, da teoria constitucional, do direito internacional público e de outros fluxos epistemológicos do saber, considerando os elementos de identidade, tendo em vista à formação social, a estruturação política e jurídica, a integração econômica, dentre outros elementos capazes de aglutinar os povos da região.

Nesse sentido, os conceitos de intergovernabilidade e de supranacionalidade são fundamentais para evitar as supervalorizações em relação ao direito dos Estados sul-americanos, que será apenas um aspecto local do direito internacional. Pois uma Constituição real e efetiva é aquela capaz de integralizar pelos fatores reais de poder que regem a sociedade.

Aliás, os instrumentos internacionais decorrentes das relações entre as nações sul-americanas como os tratados e convenções poderiam refletir sempre esse anseio dos povos deste continente, na medida em que, assim como o povo brasileiro se decidiu pelo caminho da integração regional, a mesma opção também se reflete no mandamento constituidor das regras máximas no ordenamento dos países sul-americanos.

Desse modo, em consonância com a pretensão constitucional brasileira, a unidade, de fato e de direito, dos povos sul-americanos será possível através da institucionalização de uma constituição supranacional, que seja elaborada em respeito ao princípio democrático, por meio de uma assembleia internacional constituinte formada por representantes dos Estados parte.

A aglutinação dos povos para a formação de comunidades de Estados se dá por meio da união dos elementos constitutivos, tais como: povo, território e governo. Dessa unidade se constrói as normas de sustentação, em destaque a norma suprema com a força normativa da constituição ou força do direito constitucional.

A base que sustenta a constituição é formada pelas identidades existentes no campo político, econômico, social e jurídico, cujos aspectos se complementam e se inter-relacionam, de forma inextrincável, como elementos constitutivos para edificar uma comunidade, por exemplo, sul-americana de nações. Conforme Hesse (1991, p. 15) a constituição é determinada pela realidade social e, ao mesmo tempo, determinante em relação a ela.

Assim, na perspectiva de formação de uma comunidade de Estados sul-americanos coesos e democráticos, deve-se pensar numa constituição supranacional em razão da força normativa para indicar as diretrizes políticas e jurídicas de regência dos Estados, semelhante ao que já existe instituindo por meio dos Tratados e Convenções assim como o Parlamento Europeu

Hesse (1991), associando a rigidez e a mobilidade, afirma que a uma Constituição deve se caracterizar, quanto à sua modificabilidade, por "(...) aquela elasticidade relativa e aquela estabilidade relativa (...)". Esta característica pode ser perfeitamente aplicada ao constitucionalismo pós-nacional, que juntando elasticidade com estabilidade supera os quadrantes do Estado nacional moderno.

O Poder Constituinte Supranacional é aquele que cria uma Constituição, na qual cada Estado cede uma parcela de sua soberania para que uma Constituição comunitária seja elaborada e instituída. O titular deste Poder é o cidadão universal. Além disso, se as leis culturais, sociais, políticas e econômicas são ignoradas pela Constituição, a disciplina normativa daquela não se concretizará.

Uma constituição Supranacional adquirirá força normativa na medida em que lograr a realização de uma pretensão de eficácia, no caso específico a formação de uma comunidade de Estados sul-americanos coesos e democráticos.

Porém, conforme Hesse (1991, p. 15) citando Humboldt, há alguns limites da força normativa da constituição, destacando que não se deve procurar construir o Estado de forma abstrata e teórica, assim como, não se deve produzir nada que já não esteja assente na natureza singular do presente.

Nessa perspectiva, uma integração dos Estados sul-americanos deve garantir a soberania entre os Estados membros, tendo como pressuposto o Federalismo. Desse modo, haverá a possibilidade de sustentação da soberania com a formação da comunidade de segurança pluralista, defendida por ADLER e BARNETT, (1998, p. 30) [41] como sendo "uma região transnacional composta de Estados soberanos cujo povo mantém expectativas seguras de mudança pacífica".

Tal possibilidade se materializa em razão da profundidade de confiança e pelo grau e natureza da sua institucionalização, estabelecida segundo a ordem: 1) nascente; 2) ascendente; e 3) madura.

1) Fase nascente: não existe necessariamente o desejo de criar uma comunidade de segurança por parte dos governos. Os governos descobrem ou reconhecem que possuem interesses comuns no que tange à segurança e que podem se beneficiar mutuamente através das coordenações políticas.

41 ADLER e BARNETT, (1998, p. 30)

2) Fase ascendente: para Adler e Barnett[42], presencia-se o aumento das relações entre os Estados, com a criação de novas instituições e organizações que refletem o fortalecimento da cooperação e coordenação militar e a diminuição da percepção de que o outro Estado representa uma ameaça à segurança.

3) Fase madura: com relações cada vez mais institucionalizadas, tanto no ambiente doméstico quanto no supranacional, a guerra torna-se improvável. Nessa fase, os Estados compartilham uma identidade, formando uma comunidade de segurança.

Conforme Adler e Barnett[43], depois da criação das comunidades de segurança, estas podem ainda ser diferenciadas pela força do seu vínculo como fortes ou fracas, cuja força desse vínculo são reflexos de alguns indicadores que estabelecem o alto ou baixo grau de confiança, da identidade compartilhada, da probabilidade de conflitos, etc.

Os indicadores que definem uma comunidade de segurança de vínculo fraco são: o multilateralismo, patrulhamento das fronteiras não reforçado, mudanças no planejamento militar, a definição comum de ameaças externas e um código/discurso também comum da comunidade. Enquanto numa comunidade de segurança de forte vínculo, os indicadores são: segurança coletiva e cooperativa, alto grau de integração militar, a coordenação política contra ameaças internas, a livre circulação da população, a institucionalização da autoridade e o estabelecimento de uma política multidimensional.

4.4.1 Estabilidade das relações entre os Estados membros como decorrência da Constitucionalização das relações externas

A estabilidade social da comunidade como a segurança coletiva remota à origem formal do constitucionalismo enquanto movimento político, social e cultural pelo qual emerge a ideia de Constituição no âmbito estatal ligada às revoluções liberais do século XVIII, com o surgimento das Constituições escritas e rígidas

42 Idem ob. Cit.

43 Adler e Barnett

norte-americana em 1787 e francesa em 1791, e, por conseguinte, às noções de Estado-nação, soberania e poder constituinte, decorrendo, assim, da necessidade de governos moderados, em contraposição ao absolutismo do *Ancien Régime*, pela organização e funcionamento do Estado, por meio da limitação do seu poder pela previsão de direitos e garantias fundamentais do homem.

Para CANOTILHO[44], (2001, p. 51), o constitucionalismo pode ser conceituado como: "a teoria ou ideologia que ergue o princípio do governo limitado indispensável à garantia dos direitos em dimensão estruturante da organização político-social de uma comunidade" demonstrando que o indivíduo deixa de ser súdito e passa a ser cidadão, com direitos oponíveis ao próprio Estado.

Com esse pensamento, BARROSO[45], (2008, p. 9) admite que a Constituição definida no processo histórico resulta em uma persistente formação da unidade política estatal a partir da pluralidade das necessidades e dos interesses por estas geradas na realidade social da vida humana.

Insta ressaltar que a própria noção de Estado está relacionada de forma indissociável à de Constituição, uma vez que o Estado apenas existiria no plano das soberanias nacionais como uma identidade política e jurídica, razão pela qual o seu nascimento coincidiria com o estabelecimento de uma Constituição.

A definição de Constituição imposta pela revolução burguesa, de acordo com FERREIRA FILHO[46], (1995, p. 9-10), teria um sentido genérico, como organização de alguma coisa, designando a natureza peculiar de cada Estado, aquilo que faz este ser o que é, de modo que jamais houve e nunca haverá Estado sem Constituição, sendo mais frequentemente usada para designar a sua organização jurídica fundamental, isto é, o conjunto de regras concernentes às formas de Estado e governo, ao modo de aquisição e exercício

---

44 CANOTILHO, CANOTILHO, J. J. G. *Direito constitucional e teoria da constituição.* 4 ed. Coimbra: Almedina, 2001, p. 51

45 BARROS, Sérgio Resende de. *A constitucionalização da União Européia*, 2008, p. 9. Disponível em: <http://www.srbarros.com.br/artigos.php?TextID=83>.

46 FILHO, Manoel Gonçalves Ferreira, 1995, p. 9-10

do poder, ao estabelecimento de seus órgãos e aos limites de sua ação.

Destarte, verifica-se na Constituição uma autêntica racionalização do poder político, que reflete o modo de ser de uma nação organizada em Estado. De tal sorte, não subsiste a unidade sul americana de nações sem que seja implementada uma constituição supranacional, cujo documento SILVA[47] (2007, p. 37-38), sugere que:

> A Constituição do Estado, considerada sua lei fundamental, seria, então, a organização dos seus elementos essenciais: um sistema de normas jurídicas, escritas ou costumeiras, que regula a forma do Estado, a forma de seu governo, o modo de aquisição e o exercício do poder, o estabelecimento de seus órgãos, os limites de sua ação, os direitos fundamentais do homem e as respectivas garantias. Em síntese, a constituição é o conjunto de normas que organiza os elementos constitutivos do Estado.

A Constituição, vista dessa forma se traduz no ordenamento fundamental do Estado; tem a sua aplicação restrita aos cidadãos existentes no seu território, e, nesse ponto e que reside a base paradigmática para a elaboração de uma constituição supranacional, porquanto, no contexto atual as fronteiras dos Estados não são mais base de delimitação de atuação dos agentes políticos e nem das pessoas.

Desse modo a teoria constitucional clássica cria óbices ao implemento de uma teoria constitucional ampla. Faz-se pertinente verificar como se origina uma Constituição e, para tanto, deve-se analisar o poder constituinte, que é a manifestação soberana da vontade política de um povo no sentido de estruturar a organização de um Estado, por meio da lei fundamental, envolvendo o poder de fundá-la e de dela dispor, modificando-a.

A teoria do poder constituinte, assim, envolve uma questão de legitimidade do poder, cuja titularidade pertence à nação - o povo, enquanto o seu exercício fica reservado a ente diverso, como uma Assembleia Constituinte.

---

47 SILVA, José Afonso da. *In*: Curso de direito constitucional positivo, 2012, p. 38-39.

Para HESSE[48], 1998, p. 37,

> A Constituição é a *ordem fundamental jurídica da coletividade.* Ela determina os princípios diretivos, segundo os quais deve formar-se unidade política e tarefas estatais ser exercidas. Ela regula procedimentos de vencimento de conflitos no interior da coletividade. Ela ordena a organização e o procedimento da forma da unidade política estatal. Ela cria bases e normaliza traços fundamentais da ordem total jurídica.

Na sua essência, o poder constituinte é unitário e indivisível, não sendo, contudo, um poder coordenado com os outros poderes, porém, nas palavras de FERREIRA[49] (1971, p.91-92),

> a base sobre a qual se levantam os demais poderes do Estado - executivo, legislativo e judiciário -, que lhes determina as competências e realiza, por fim, a manifestação originária da soberania sendo dessa origem que se denota a supremacia da Constituição. Trata-se de um poder de direito, originário, dotado de soberania, que não se acha submetido a nenhum direito precedente, com uma capacidade decisória em última instância, firmando-se pela vontade das forças determinantes da sociedade, não podendo, portanto, ser entendido sem referência aos valores éticos, religiosos e culturais que informam a nação e motivam suas ações, razão pela qual seu caráter ilimitado deve ser entendido em termos.

Acoimando tal entendimento, Raul Machado Horta[50], admite que partindo do princípio de que o poder constituinte originário não tem que seguir nenhuma regra de Direito que seja anterior à sua manifestação, e, portanto, deve ser considerado como uma questão de fato, e não de Direito. Por outro lado, o poder constituinte derivado[51], criado e delimitado pelo próprio poder cons-

48 HESSE, Konrad. A força normativa da constituição, 1998, p. 37.

49 FERREIRA, P. *Princípios gerais de direito constitucional moderno.* 5. ed. ampl. e atual. São Paulo: Revista dos Tribunais, 1971. v. I. p. 91-92

50 HORTA. In: Direito Constitucional, p. 27.

51 Sobre o Congresso Nacional brasileiro no exercício da função de reformar a Carta: TAVARES. O Congresso Nacional como poder constituinte, pp. 329/359. *In:* FERREIRA, Josué dos Santos (org.). *Os meandros do Congresso*

tituinte originário, deve seguir as regras positivas de Direito inseridas no documento normativo superior, que é a Constituição. Com base nessas premissas, Machado Horta extrai duas conclusões essenciais do pensamento de Carré de Malberg[52].

Complementando esse entendimento, BONAVIDES[53], 2002, p. 123, defende que:

> O poder constituinte se presta, pois, a toda sorte de dificuldades se não desviarmos os escolhos que resultam da inobservância ou desconhecimento de semelhantes aspectos básicos. Sendo, contudo, atributo essencial da soberania, converte-se ele em noção-chave de toda a Teoria do Estado em virtude de marcar com a máxima clareza a ocasião culminante em que a titularidade do poder é colocada numa instituição: o Estado, pessoa jurídica, e não em uma divinda-

---

Nacional: como interagir e participar das atividades legislativas brasileiras. Rio de Janeiro: Forense. Brasília: Senado Federal - Câmara dos Deputados, 2001.

52 HORTA. *Direito Constitucional*, p. 29: "Primeira: a Constituição nova não será confeccionada segundo o processo, o modo constituinte e as formas que foram prescritas na Constituição anterior. Entre a Constituição antiga, da qual se fez tábua rasa, e a Constituição nova, que está sendo criada, não há relação jurídica. O que passa a existir entre ambas é o interregno constitucional, uma solução de continuidade, durante a qual o poder constituinte da nação se exprimirá através das pessoas ou corporações que empolgaram o poder. A questão do poder constituinte se coloca nos termos da formação originária do Estado: é uma questão de fato e não de direito. Por isso, o poder constituinte não é tema jurídico. E sendo fato puro e revolucionário, o positivismo jurídico rejeita o seu exame, pois não há espaço na ciência do direito público para um capítulo consagrado à teoria dos golpes de Estado ou das revoluções e de seus efeitos. Segunda: o jurista deve concentrar-se no estudo de outra forma de poder constituinte, que é a da reforma pacífica, regular, jurídica, da Constituição em vigor. A reforma pode ser mais ou menos extensa, tendo por objetivo a revisão da Constituição, em determinados pontos, ou a ab-rogação e a substituição de uma Constituição por outra. A mudança constitucional, seja ela total ou parcial, se fará de acordo com as regras fixadas pela Constituição, de tal modo que a Constituição nova, quando for o caso da revisão total, nascerá da antiga, sem solução de continuidade. A nação, uma vez exercido o poder constituinte revolucionário e extrajurídico, poderá mudar de Constituição, observando as regras jurídicas da Constituição anterior."

53 BONAVIDES Paulo. 2002, p. 123

> de, pessoa sobrenatural, ou num indivíduo, pessoa física. Vem assim esse conceito complementar ou coroar, juridicamente, o processo de institucionalização e despersonalização do poder, alicerce de todo o Direito Constitucional moderno.

Considerando importantes ensinamentos, é de se trazer a tona a formação da Comunidade Europeia que ao se presumir que toda Constituição necessita de um poder constituinte originário anterior que a legitime, poderia um tratado, que saiu de uma convenção da que participaram tão-somente governos e pessoas por eles escolhidas, aprovar uma Constituição que deveria ter origem no povo.

Visto dessa forma, o fenômeno da integração supranacional impõe uma reanálise não apenas da institucionalização do poder, mas do seu resultado - o próprio Estado, o qual se encontra em crise, pois não pode assumir hoje todas as funções de que antes se arrogava, inserindo-se num contexto cada vez mais complexo de globalização e interdependência econômica, devendo-se, de logo, verificar a figura estatal e seus elementos estruturais.

O Estado, outrossim, é comumente definido pelos seus elementos, isto é, como toda universalidade de indivíduos, o povo, que se encontra em uma determinada base espacial, o território, a qual vive sob o comando de uma autoridade superior, o poder, que não se sujeita a qualquer outra, a soberania.

No que pese alguns posicionamentos doutrinários no sentido de que o poder, e não a soberania, que é apenas uma qualidade dessa potestade, seria de fato elemento caracterizador da figura estatal, diferenciando-o dos demais grupos coletivos, como observado por MALBERG[54] (1948, p.167), ao destacar que:

> o povo só existe por meio da organização do Estado, de modo que o fim deste acarretaria a eliminação daquele e deve ser considerado na sua unidade, isto é, um conjunto de pessoas com vínculo permanente, não podendo ser confundido com população, visto que imutável, mesmo com a modificação dos seus indivíduos, nem com nação, que

54 CARRE MALBERG, R. Constitution à la Théorie générale de l'État. Tome II. Paris: Sirey, 1922, p. 167.

leva em consideração o aspecto histórico-cultural da comunidade, e não o jurídico.

Afigura-se que o povo retrata, na verdade, a dimensão humana do Estado, com o qual guarda uma relação de dependência, dando condições de essa pessoa coletiva formar e externar sua vontade, tratando-se, assim, do corpo de cidadãos que se submete às mesmas leis, isto é, o mesmo ordenamento jurídico estatal.

O espaço territorial seria o domínio espacial de vigência do ordenamento jurídico, englobando em seu conceito as terras e as águas, as profundezas e as alturas, salientando FERREIRA FILHO[55] (1995, p. 40), que, ainda que seja a base geográfica sobre a qual o Estado exerce sua soberania, é indubitável o fato de que mesmo nessa delimitação territorial há a intervenção de princípios do direito internacional que decorre da emergência de temas que ultrapassam as fronteiras nacionais.

Evidencia-se que o poder é a força de coerção ou de mando que impõe o cumprimento das normas estatais, que BONAVIDES[56] (2002, p. 115) deduz ser elemento essencial constitutivo do Estado, representando, sumariamente, a energia básica que anima a existência de uma comunidade humana em um determinado território, conservando-a unida, coesa e solidária

A soberania, nas palavras de GICQUEL[57], (1989, p. 66-67), é um traço do poder, ou seja, exprime o mais alto poder dentro do Estado, com qualidade de supremacia (*summa potestas*), a qual se reflete em um duplo aspecto: interno - o império do Estado sobre o seu território e povo, predominando a sua vontade sobre todas as demais vontades, que ficam a ela sujeitas; e externo - pelo qual a independência nas relações internacionais e a não submissão ou subordinação a qualquer Estado estrangeiro; sendo certo que que

55 FERREIRA FILHO, M. G. *Aspectos do direito constitucional contemporâneo.* 2. ed. São Paulo: Saraiva, 2009.

56 BONAVIDES Paulo. *Curso de direito constitucional.* 12. ed. São Paulo: Malheiros, 2002.

57 GICQUEL, J. *Droit constitutionnel et institutions politiques.* 10e éd. Paris: Montchrestien, 1989 p. 66-67

não se pode falar em soberania interior sem a soberania externa, e vice-versa

Como bem expõe CANOTILHO[58], (2001, p. 90), a soberania expressa um poder supremo no âmbito interno e um poder independente no plano internacional, e, se ambos forem devidamente conjugados, é possível constatar: i) um poder político de comando; ii) que tem como destinatários os cidadãos nacionais; iii) reunidos em um determinado território.

Logo, se a doutrina individualista que embasa o Estado nacional, soberano, parecia uma teoria perfeita e acabada, que trazia segurança jurídica, o dinamismo histórico, inclusive com a globalização e a formação de blocos econômicos, fez com que esse modelo sofresse sensíveis alterações especialmente no campo das relações internacionais, com o reconhecimento do próprio direito internacional e de que este também faz parte do direito estatal, e com o abandono da doutrina voluntarista.

Aliás, a dificuldade na manutenção dos elementos estatais tais como compreendidos pela teoria constitucional clássica aumenta à medida que surgem novas formas de integração como a União Europeia, que possui autonomia e aparato institucional próprio, com suas origens e peculiaridades.

Dessa forma a União Europeia como reconhece PORTO[59], (1997, p. 213), apresenta-se na ordem internacional como um modelo de integração, o único a ser reparado em virtude de sua organização institucional e jurídica, isto é, pelo fato de já se encontrar em uma fase mais avançada de integração que os demais movimentos como o Mercosul que se limita a uma união aduaneira, caracterizada pela harmonização, maior ou menor, das políticas seguidas ou mesmo a prossecução de políticas comuns, envolvendo alguma transferência de poderes para um âmbito supranacional.

58 CANOTILHO, J. J. G. *Direito constitucional e teoria da constituição.* 4 ed. Coimbra: Almedina, 2001.

59 PORTO, M. C. L. *Teoria da integração e políticas comunitárias.* 2. ed. actual. e integral. Coimbra: Almedina, 1997, p. 213.

Nesse diapasão, BURDEAU[60], (2005, p. 21), assim se manifesta:

> Claro, a vida política dos Estados mais evoluídos tende a livrar-se das fronteiras nacionais, em toda parte são empreendidos esforços para dissociar o Poder de sua primitiva base nacional. Mas a superação da nação supõe que ela exista. É por terem de início encontrado nela o apoio que lhes permitiu existir que os Estados hoje podem abordar o problema de uma autoridade supranacional. Os Estados novos ainda não estão nessa fase e a única coisa que se pode desejar racionalmente é que, com a ajuda da aceleração da história, eles não demorem muito tempo na etapa do egocentrismo.

Importa acentuar que o fenômeno de associação de Estados independentes para alcançar uma finalidade comum, não é novidade, uma vez que, através de acordos internacionais, países diversos podem assumir obrigações reciprocamente sem renunciarem à sua soberania, o que, decerto, é um diferencial já que a União Europeia representa um modelo particular de organização política, em razão do alargamento de seus objetivos e funções intergovernamentais, na qual são combinados elementos de uma confederação de Estados e de um Estado federal, reclamando, assim, uma forte dose de descentralização ou de federalismo na sua estruturação interior, como observa FERREIRA FILHO[61], (2009, p. 17), exigindo um maior comprometimento dos Estados.

Dessa forma, é de se destacar as etapas de desenvolvimento da União Europeia, pelas quais se permite a análise de um direito constitucional metaestatal.

Como dito alhures, o direito internacional, também conhecido pela denominação *jus gentium*, é o sistema de normas que visa disciplinar e regulamentar as atividades exteriores dos Estados soberanos, os únicos sujeitos no direito internacional clássico (antes da Primeira Guerra Mundial), os quais passam, na contemporaneidade, a concorrer com organizações internacionais e, ex-

60 BURDEAU, G. *O Estado*. Tradução Maria Ermantina de Almeida Prado Galvão. São Paulo: Martins Fontes, 2005, p. 21.

61 FERREIRA FILHO, M. G. *Curso de direito constitucional.* 22. ed. atual. São Paulo: Saraiva, 1995, p. 17.

cepcionalmente, com o indivíduo, em uma comunidade marcada pela descentralização, sem uma autoridade superior.

De acordo com MIRANDA[62], (2006, p. 10), em sentido lato, a história do direito internacional interpenetra-se com a história do Estado, pois, quando e onde quer que haja Estado, e Estado que mantenha quaisquer tipos de relações mais ou menos duradouras com outro ou outros Estados ou entidades afins, tornam-se necessárias normas jurídicas para estabelecê-las e fazê-las subsistir.

Nesse sentido, conclui CARRILLO-SALCEDO[63], (1997, p. 44), que:

> les relations entre Etats sont soumises à des règles de droit international et il est incontestable [...] que le droit international constitue une limite juridique de la puissance des Etats.

Nesse itere, Celso D. de Albuquerque Mello, acerca da influência do direito internacional no direito interno acentua que:

> Na verdade não há um D. Constitucional Internacional claramente delimitado e com normas próprias de interpretação, ou ainda com um conteúdo preciso. Pelo contrário, tudo vai depender do grau de internacionalização dos diferentes setores da vida social. Por outro lado, o D. Constitucional está cada vez mais subordinado ao D. Internacional. * "[...] as relações entre Estados são sujeitas às regras de direito internacional e é incontestável (...) que o direito internacional constitui um limite jurídico ao poder dos Estados".

Como visto, as normas de direito internacional são limitadas e interpretadas conforme as normas de direito interno.

No entanto, trazendo a baila o instituto da supranacionalidade, enquanto um dos principais suportes do Direito Comunitário, este contribui decisivamente para a consolidação dos objetivos da unidade sul americana de Estados, possibilitando a adoção de políticas comunitárias compatíveis com a legislação dos Estados

62 MIRANDA, J. *Curso de direito internacional público*. 3. ed. rev. e actual. Cascais: Principia, 2006, p. 10.

63 CARRILLO-SALCEDO, J.-A. *Cours général de droit international public*. Recueil des Cours: Collected Courses of the Hague Academy of International Law, tome 257, 1996. Boston/London: Martinus Nijhoff Publishers, 1997.

membros e uniformidade na tomada de decisões, com base no primado e na aplicabilidade direta das normas comunitárias. Além disso, a supranacionalidade dá condições para que as normas produzidas pelos órgãos comunitários possam ser aplicadas de forma homogênea e imediata no ordenamento jurídico dos Estados membros, como ensina GOMES[64].

Calha aqui destacar que a espécie de Organização internacional surgiu muito tempo após a ideia de Estado, como decorrência da intensificação das relações internacionais, e pode ser conceituada como uma associação voluntária, comumente entre Estados, constituída normalmente mediante tratado, cuja finalidade é atingir objetivos comuns predeterminados através da cooperação de seus membros, dotada de personalidade independente daqueles que a compõem e, por conseguinte, com regulamentos e órgãos de direção próprios; podendo, outrossim, firmar obrigações em seu nome.

Como ensina REZEK[65], (1998, p. 263), as organizações internacionais podem ser classificadas, segundo o seu alcance e finalidade. Quanto ao alcance, podem ser: a) regional, ou b) universal (vocacionada para acolher o maior número possível de Estados, sem restrição de índole geográfica, cultural, econômica ou outra). Em relação à finalidade, as duas categorias cabíveis seriam: a) vocação política (consagram, sobretudo, a preservação da paz e da segurança, embora cuidem de outros propósitos), ou b) vocação técnica específica (como um fim econômico, financeiro, cultural, dentre outros).

A tendência verificada desde o final da Segunda Guerra Mundial foi a de tomar o regionalismo como base da estruturação de uma futura organização internacional e em tais sentidos decorreram os sistemas europeu, interamericano, em escala continental ou sub-regional. No caso da União Europeia, atualmente com 27 países, constituída em um quadro em que as suas competências estão distribuídas em suas instituições, tais como: Parlamento

64 GOMES, Eduardo Biacchi. União Europeia e Mercosul – Supranacionalidade versus Intergovernabilidade. In: Âmbito Jurídico, Rio Grande, X, n. 46, out 2007.

65 REZEK, J.F. Direito internacional público. 2 ed., São Paulo: Saraiva, 1999. p. 263

Europeu, Conselho, Comissão, Tribunal de Justiça e Tribunal de Contas, cujo propósito é a integração política e econômica, tendo um mercado único europeu e uma moeda única adotada por alguns países.

Ressalte-se oportuna observação de CASELLA[66], (2002, p. 177), para quem a União Europeia, estabelecida pelo Tratado de Maastricht, tem como marco a integração marcada por inúmeros eventos que resultaram em sucessivas ampliações dos seus membros e na estruturação de muitas das políticas comunitárias, cujo alcance manifestou-se em diferentes aspectos, como: i) dar prosseguimento ao esforço de construção da União Europeia; ii) promover a implementação dessa União devido às três Comunidades e à cooperação dos Estados na política exterior; iii) promover a democracia; iv) valorizar o papel do Parlamento Europeu; v) agir com coesão e solidariedade; vi) promover a melhoria da situação econômica e social; e vii) realizar progressivamente a união econômica e monetária.

Com o referido tratado, a organização internacional em questão, baseada em outras Comunidades Europeias, é complementada pelas políticas e formas de cooperação nela previstas, sofrendo novas alterações, ulteriormente, pelos Tratados de Amsterdã (1999) e de Nice (2003).

O aumento das demandas internas especialmente no campo econômico fez com que a União Europeia sentisse a necessidade de uma maior legitimidade política, não podendo contar apenas com aquela que lhe dava o Conselho Europeu.

A doutrina, contudo, expressa com clareza que nem sempre o êxito econômico alcançado reflete-se no âmbito político, como se pode verificar na dificuldade para a aprovação de uma Constituição europeia, que foi rejeitada pela França e Países Baixos, em 2005, e com a nova tentativa pelo Tratado de Lisboa, não aprovado em referendo realizado na Irlanda.

66 CASELLA, P. B. *União Européia*: instituições e ordenamento jurídico. São Paulo: Ltr, 2002, p. 177

Como salienta Monica Herman Salem Caggiano[67], a Europa, ao tentar recorrer à sua própria Constituição, busca uma ordem jurídica que pretenda garantir o desenvolvimento econômico, o progresso e a paz; uma ordem jurídica destinada a manter um equilíbrio entre diferentes e diversificadas unidades.

Nesse ponto, importa ressaltar os pensamentos de Peter Häberle[68]:

> Europa sigue siendo un proyecto abierto con "finalidad" abierta. Los científicos europeos pueden aportar algo, en ese sentido, contribuyendo a que se tome conciencia de las oportunidades y los límites del proceso de constitucionalización. La casa europea tiene muchas viviendas, en una de las cuales trabajamos los científicos. En última instancia, se trata de los ciudadanos ("Europa de los ciudadanos"). Ellos tienen que adquirir confianza en la Constitución a través de una pedagogía intensa de las instituciones europeas. Esto requiere un esfuerzo continuado de todos los días, un desarrollo del espacio público europeo y también para el futuro una "cuota de utopía" (por ejemplo, la idea de un contrato social europeo) como la que tenían y nos han legado los padres fundadores.

A União Europeia surge, assim, como um bloco fundado para a cooperação econômica e, após a consolidação de suas instituições, passa, gradualmente, por um processo de autonomia política, alcançando um estágio de integração mais avançado, permanecendo as demais organizações nas formas de menor integração, como as zonas de livre-comércio, mercados únicos ou uniões aduaneiras.

Para Paulo Borba Casella[69], a criação da Comunidade Europeia e a implementação de seus objetivos comportaram e exigiram a criação de ordenamento interno, com extensão e alcance muito

67 CAGGIANO, M. H. S. *Constitutia Europei si Mercosul. Buletin Stiintific*, Iasi, n. 15, p. 56-63, 2006

68 HÄBERLE, P. Aspectos de una teoría constitucional para Europa. In: SARLET, I. W. *Jurisdição e direitos fundamentais*. Anuário 2004/2005, v. I, tomo I, Escola Superior da Magistratura do Rio Grande do Sul. Porto Alegre: Livraria do Advogado Editora e Ajuris, 2005, p. 343

69 CASELLA, P. B. *União Europeia*: instituições e ordenamento jurídico. São Paulo: LTr, 2002, p. 21

mais consideráveis do que as regulamentações internas de outras organizações internacionais.

Com esse entendimento CASELLA[70], (2007, p. 21) apregoa que:

> O elemento pós-moderno não poderá ser entendido somente como expediente técnico: essencialmente produto da história e da cultura, sua construção refletirá o mundo no qual se inscreve, onde o mundo pós-moderno traz, inexoravelmente inscritas, as características da diversidade e da fragmentação, quer política, quer cultural e estas estarão intrinsecamente ligadas às tentativas de ordenação do espaço de convivência dos sujeitos e demais agentes do contexto internacional, por meio de normas jurídicas.

Trata-se, pois, de uma organização política cuja legitimidade não reside mais nos interesses dos seus Estados membros, mas em um interesse público comunitário, que deve influir em todos os países integrantes ou que venham a ingressar, razão pela qual a elaboração de uma Constituição supranacional é que tem força normativa para fundamentar essa nova política unificada, assegurando a sua aplicação.

Não obstante tal premissa, o assunto está longe de um consenso, especificamente porque envolve a relativização de conceitos clássicos como o conceito de soberania.

No entanto, o direito comunitário forma, na atualidade, a ordem jurídica de uma comunidade de Estado e sua base institucional é quem a define, visto que define os processos de decisão das instituições comunitárias e regula a relação das mesmas entre si, atribuindo-lhes poderes de ação através de regulamentos e diretivas como ensina PAGLIARINI[71], (2005, p. 8-9).

A importância do direito comunitário pode ser depreendida dos ensinamentos de PIRES[72], (1997, p. 111) e, ainda, Accioly, Nascimento e Silva; Casella (2008, p. 435-436).

---

70 Idem, ob, cit, p. 21.

71 PAGLIARINI, A. C. *A Constituição Europeia como signo da superação dos dogmas do Estado nacional.* Porto Alegre: Lumen Juris, 2005, p. 8-9.

72 PIRES, F. L. *Introdução ao direito constitucional europeu.* Coimbra: Almedina, 1997, p. 111.

> [...] a relação entre a Constituição nacional e o direito comunitário é substancialmente diferente da relação com um direito internacional antes muito mais excepcional, intermitente, restrito, distante, ou, se se preferir, menos sistemático, permanente, global, próximo. E se o juiz nacional aplica ainda o direito comunitário em cumprimento de normas do seu próprio ordenamento e numa visão tendencialmente dualista da relação entre as duas ordens jurídicas - a comunitária e a nacional - a verdade é que o direito comunitário, em paralelo, se define crescentemente como "ordem própria" e se impõe por si mesmo, muitas vezes sem qualquer intermediação, em áreas em que o Estado começara por lhe delegar, mas de que ele acabou por fazer uma apropriação consentida.

O Direito Comunitário, como visto, se define como um sistema jurídico *sui generis*, que não se confunde nem com o direito interno dos países, pois suas normas são editadas por órgãos de natureza comunitária e têm aplicabilidade imediata nas ordens jurídicas internas desses Estados, nem tampouco com o Direito Internacional Público, pois a aplicação de suas normas rege-se por princípios próprios.

Assim, esse direito constitui um novo sistema jurídico, distinto de qualquer outro existente e desenvolvido a partir dos tratados instituidores da União Europeia, que se adaptaram às necessidades do bloco econômico com regras, princípios e procedimentos próprios. Sua aplicabilidade foi fruto de longa construção jurisprudencial do Tribunal de Justiça das Comunidades Europeias.

Para alguns doutrinadores do Direito Comunitário, apesar de ser constituído de regras, procedimentos e princípios peculiares, seria um sistema jurídico em estágio superior da evolução do Direito Internacional Público, como assevera Fausto de Quadros[73], pois tem como fonte primária seus tratados constitutivos, que são instrumentos internacionais do Direito Internacional Público.

Importa acentuar que muitos doutrinadores distinguem direito da integração de direito de coordenação. Pizzolo[74], p. 2122 declara que o direito da integração busca a consolidação dos espaços econômicos dos países, visando a formação de um mercado

73 QUADROS, **Direito das comunidades europeias...**, p. 179.

74 Pizzolo

comum pautado por uma relação de subordinação entre o Direito Comunitário e o direito dos Estados membros, enquanto que o direito de coordenação é pautado pela simples coordenação de soberanias, onde não existe a intenção de produzir uma integração mais profunda. Tais blocos econômicos seriam regidos pelos princípios do Direito Internacional clássico, que é um direito de coordenação de soberanias, enquanto o Direito Comunitário é um direito de subordinação, com primazia das normas comunitárias sobre as dos Estados membros nas matérias delegadas.

Entretanto no que diz respeito ao Mercosul, não obstante a inexistência de quaisquer características de Direito Comunitário nos enunciados do Tratado de Assunção e do Protocolo de Ouro Preto, notase que os Estados partes têm a intenção de constituir em longo prazo um mercado comum, mas sem a adoção, ainda que momentânea de entidades supranacionais, sendo possível, assim, afirmar que predomina nesse bloco econômico o chamado direito da integração.

O Direito Comunitário tem como base os princípios do Direito Internacional clássico, todavia, no caso da União Europeia, os seus órgãos têm autonomia de competências e funções, atuando segundo os interesses da própria comunidade, como é o caso da Comissão e do Tribunal de Justiça das Comunidades Europeias.

As normas produzidas por seus órgãos, as chamadas fontes secundárias, têm aplicabilidade direta nos ordenamentos jurídicos dos Estados membros, gerando direitos e obrigações para os cidadãos comunitários.

O ordenamento jurídico comunitário europeu tem existência autônoma em relação às ordens jurídicas internas dos Estados membros, não obstante ser essa autonomia decorrente dos próprios dispositivos constitucionais dos Estados, que consentem em delegar determinadas competências soberanas aos órgãos comunitários. Sua base são os tratados constitutivos e as Constituições dos próprios Estados membros, que atribuem a esse direito a aludida autonomia.

Segundo GOMES[75] em seu artigo intitulado União Europeia e Mercosul – Supranacionalidade versus Intergovernabilidade, na

75 GOMES, Eduardo Biacchi. União Europeia e Mercosul – Supranacionalidade versus Intergovernabilidade. In: Âmbito Jurídico, Rio Grande, X, n. 46, out 2007.

maior parte dos textos constitucionais dos Estados que compõem a União Europeia constam dispositivos que contemplam a delegação de competências soberanas para organizações internacionais.

Segundo esse mesmo autor, a Constituição da República Federal da Alemanha representa, de forma mais clara, a política dos Estados membros da União Europeia de fundamentar a construção do processo de integração nos seus ordenamentos constitucionais, pois prevê expressamente, como política nacional, a construção de uma Europa integrada, fundamentada no respeito aos direitos humanos, nos princípios democráticos do direito, sociais e federativos, bem como no princípio da subsidiariedade, possibilitando a delegação de competências soberanas[76].

A integração entre os Estados ocorre com a atribuição de competência - competência concorrente aos órgãos criados pela comunidade supranacional. Nesse ponto, Antônio Fernando Dias Teixeira[77], enfoca as principais características e elementos formadores da supranacionalidade, apontando: i) a transferência[78] de poderes e competências soberanas dos Estados membros para os órgãos da Comunidade (elemento-causa e característico distintivo); ii) a regra da maioria no processo da tomada de decisões dos órgãos comunitários (elemento-efeito adjuvante); e, iii) a prima-

76 Artículo 23.1. Para la realización de una Europa unida, la República Federal de Alemania contribuirá al desarrollo de la Unión Europea, dentro de su conpromiso con los princípios democráticos, del Estado de Derecho, socieles y federativos y con el princípio de la subsidiariedad y de garantizar uns protección de los derechos fundamentales comparable en lo esencial a de la presente Ley Fundamental. Para ello, la Federación podrá transferir derechos de soberanía con el consentimiento del Consejo Federal. [...]" (Llorente, Francisco Rubio; Pérez, Mariano Darcanas. Constituiciones de la Unión Europea. Barcelona: Editorial Ariel, 1997. p. 8).

77 TEIXEIRA, p.196.

78 É importante destacar que delegação, ao contrário de transferência, é temporária, decorrente de tratado internacional, podendo os Estados em momento posterior reaver os poderes delegados caso venham a denunciar o tratado (possibilidade que o Tratado de Amsterdã não regulamenta, mas que está expressamente regulamentada na Convenção de Viena sobre o Direito dos Tratados, 1969, artigo 56), alterar as competências ou matérias regulamentadas ou resolver extinguir a União Europeia.

zia das normas do Direito Comunitário originário e derivado (elemento efeito-adjuvante).

Como instrumento de delimitar as prerrogativas supranacionais da comunidade, o Direito Comunitário tem como princípios a subsidiariedade e a proporcionalidade. Desse modo, ancorada nesses princípios, a comunidade poderá atuar nas questões de competência concorrente quando os atos produzidos pelos Estados membros não forem suficientes para alcançar a sua finalidade, cuja atuação deverá ser proporcional ao fim a ser atingido que, no caso da União Europeia, o Tratado de Amsterdã, preconiza em seu art. 5, essa possibilidade.

Nesse ponto, Fausto de Quadros[79], esclarece:

> No seu par. 1 ele enuncia o princípio da competência por atribuição (competência concorrente), segundo o qual a Comunidade só pode actuar nos limites das atribuições que, explícita ou implicitamente, lhe são conferidas [...] No par. 2 ele reforça essa restrição das atribuições da Comunidade através do princípio da subsidiariedade. Isto é, mesmo actuando dentro da competência por atribuição, a Comunidade deve respeitar o princípio da subsidiariedade. Por fim, no par. 3, aquele artigo 3-B enuncia a terceira restrição às atribuições da Comunidade, através do princípio da proporcionalidade. Ou seja, mesmo após estarem determinadas as atribuições da Comunidade através dos princípios da competência por atribuição e da subsidiariedade, ela só poderá exercer essas atribuições se isso lhe for permitido pelo princípio da proporcionalidade.

Como visto os princípios da subsidiariedade e proporcionalidade são essenciais para o estabelecimento das competências dos Estados e da comunidade, a qual somente poderá atuar quando as políticas fixadas pelos Estados forem insuficientes para atingir os objetivos comunitários – princípio da subsidiariedade. De outra parte, essa atuação deve estar adstrita aos limites necessários para que a comunidade possa atingir os objetivos perseguidos – princípio da proporcionalidade.

---

79 Quadros, Fausto de. O princípio da subsidiariedade no Direito Comunitário após o tratado da União Europeia. Coimbra: Almedina, 1995. p. 34. O autor, ao comentar os dispositivos do tratado, ainda alude ao Tratado de Amsterdã.

A propósito do princípio da subsidiariedade, BARACHO (1997, p. 72)[80] define como sendo um sistema em que:

Os Estados membros confiam às instituições comuns, nos termos do princípio da subsidiariedade, as competências necessárias para manter as tarefas que podem realiza, de maneira mais satisfatória do que os estados isoladamente [...] A comunidade não atua apenas para executar as tarefas que lhe são confiadas pelos tratados, na realização dos objetivos definidos por eles. Quando as competências não são exclusivamente, ou por complementaridade, devolvidas à Comunidade, ela em sua forma de atuação, age na medida em que a realização de seus objetivos exige intervenção, porque suas dimensões ou seus efeitos ultrapassam as fronteiras dos estados-membros. Por essa razão, as tarefas podem ser empreendidas de maneira mais eficaz, pela própria comunidade, em lugar dos estados atuando separadamente.

Depreende-se que o princípio da subsidiariedade condiciona a atuação e intervenção da comunidade em matéria de competência concorrente quando o Estado não atende, com suas medidas, ao interesse comunitário, possibilitando à comunidade o exercício de sua competência nos limites estritamente necessários para alcançar o fim perseguido.

80 BARACHO, José Alfredo de Oliveira. O princípio da subsidiariedade: conceito e evolução. Rio de Janeiro: Forense, 1997. p. 72.

CAPÍTULO 5

ESTRUTURAÇÃO DA CONSTITUIÇÃO SUPRANACIONAL

A estrutura da constituição supranacional deve guarnecer os pressupostos básicos de uma constituição de um Estado nacional.

O Poder Constituinte Supranacional emerge de uma Constituição, na qual cada Estado cede uma parcela de sua soberania para que seja criada uma Constituição comunitária.

O titular desse poder não é o povo, mas o cidadão universal. Por esse pressuposto a Constituição deve ser redigida com base na doutrina dos direitos naturais, porquanto os direitos dos homens são tidos como universais: válidos e exigíveis a qualquer tempo e em qualquer lugar, uma vez que oriundos da própria natureza humana.

Nesse campo, Alexandre Sturion de Paula[1], em seu artigo denominado "A principiologia das relações internacionais brasileiras como óbice à formação de uma comunidade latino-americana", destaca que:

> A Constituição supranacional é possível (por exemplo, se propôs a Constituição da União Européia). Uma das doutrinas de direito internacional admite uma relativização da soberania absoluta das nações modernas, assumindo que a constituição pode ser limitada pelos tratados internacionais, como a Convenção Americana de Direitos Humanos e a Convenção Europeia dos Direitos Humanos, que vincula os 47 países membros do Conselho da Europa. Como exemplo da existência de constituições em nível menor que o do Estado soberano, temos a separação dos países em estados independentes, no caso o Brasil, segundo o art. 1º da sua constituição: *Art. 1º A República Federativa do Brasil, formada pela união indissolúvel dos Estados e Municípios e do Distrito Federal, constitui-se em Estado Democrático de Direito e tem como fundamentos (...).*

1 Alexandre Sturion de Paula

Assim, nos Estados Federativos, além da Constituição Federal, temos Constituições de cada Estado Federado, subordinadas às previsões da Constituição Federal, resvalando-se no poder constituinte derivado decorrente.

Com efeito é de se destacar que a existência de uma Constituição supranacional já encontra base jurídica na ordem Internacional por disciplina do artigo 5º da Declaração Universal dos Direitos dos Povos, da ONU, ao dispor que todo povo tem o direito imprescritível e inalienável à autodeterminação.

Por essa declaração não são os Estados que estabelecem as regras de tais direitos, mas sim os povos, com suas demandas e exigências.

A teoria constitucional moderna aponta como técnica específica de limitação do poder com fins garantistas, que segundo a definição de CANOTILHO[2], tem a sua origem nas revoluções americana e francesa e coincide com a positivação dos direitos fundamentais.

Desse modo a Constituição deve ser elaborada pelo poder constituinte dito originário, outorgado aos representantes de cada Estado, respeitando o conteúdo das normas consideradas fundamentais que se constituem em núcleo intangível que, no Brasil, essas normas são conhecidas como cláusulas pétreas, que impõem limitações materiais, circunstanciais e formais.

Dentre as cláusulas pétreas, de acordo com a Constituição brasileira pode se destacar os fundamentos da República Federativa do Brasil; os objetivos da sociedade; as garantias e direitos fundamentais ditos invioláveis; os direitos mínimos como piso vital mínimo, sem os quais o ser humano, no Brasil, não se desenvolve plenamente, dentre outras garantias como a atividade econômica e o meio ambiente.

Como qualquer Constituição a constituição supranacional deve guarnecer o princípio da unidade constitucional, fundamental para a manutenção da unidade. Desse princípio decorre a unidade de regulamentação e pacifica os conflitos de diversos grupos que formam uma sociedade.

---

2 CANOTILHO, J. J. G. *Direito constitucional e teoria da constituição.* 4 ed. Coimbra: Almedina, 2001, p. 95.

Segundo o princípio da unidade, o direito constitucional deve ser interpretado de forma a evitar antinomias entre suas normas e entre os princípios constitucionais. Deve-se considerar a Constituição na sua globalidade, não interpretando as normas de forma isolada, mas sim como preceitos integrados num sistema interno unitário de normas e princípios. Em decorrência tem-se que todas as normas da Constituição possuem igual dignidade, não havendo hierarquia dentro dela, devendo o texto constitucional ser visualizado de modo harmônico.

Como resta implícito a Constituição exurge para resguardar os direitos naturais que devem ser mantidos pela sociedade dirigida pelo Estado. Dessa assertiva emoldura-se os princípios do desenho constitucional que nas palavras de Alexandre Sanson[3], em seu artigo "Análise dos dilemas do constitucionalismo europeu, (Revista Direito Mackenzie, v. 5, n. 2, p. 21-42)

> Quando as tribos passaram a viver em cidades e a estabelecer as nações, muitas viviam com costumes não escritos, enquanto nalguns países, monarcas autocráticos mesmo tirânicos, governaram por decreto, ou mero capricho pessoal. Tal regra levou alguns pensadores a assumir a posição de que o que importava não era o desenho das instituições governamentais e operações, assim como o caráter dos governantes. Este ponto de vista pode ser constatado em Platão, que designou-o por governo de "reis-filósofos"[4], escritores posteriores, como Aristóteles, Cícero e Plutarco, analisaram projetos de governo do ponto de vista jurídico e histórico. Nos últimos escritos, Orestes Brownson[5] iria tentar explicar o que os arquitetos constitucionais estavam tentando fazer. De acordo com Brownson há, em certo sentido, uma hierarquia entre três "constituições" envolvidas: a primeira Constituição, é a da natureza que inclui tudo o que designamos por "Lei natural". A segunda é a constituição da sociedade, um conjunto de regras não escritas e comummente entendidas pela sociedade

3 Alexandre Sanson. Especialista em Direito Constitucional pelo Centro de Extensão Universitária. Mestre em Direito Político e Econômico pela Universidade Presbiteriana Mackenzie. Doutorando em Direito do Estado da Faculdade de Direito da Universidade de São Paulo.

4 Aristotle, by Francesco Haye

5 The American Republic: its Constitution, Tendencies, and Destiny, *O. A. Brownson (1866).*

> formada por um contrato social antes de estabelecer governo e, pela qual estabelece a terceira e ultima constituição, a constituição de governo. A constituição da sociedade inclui os procedimentos para a tomada de decisões por convenções públicas convocadas por edital e conduzidas por regras estabelecidas em protocolo. Cada constituição deve ser consistente com, e derivam sua autoridade, da anterior, bem como a partir de um ato histórico de formação da sociedade ou ratificação constitucional. Brownson argumentou que o Estado é uma sociedade com domínio efectivo sobre um território bem definido, que o consentimento para uma constituição bem concebida de governo surge da presença nesse território, e que é possível as disposições de uma constituição de governo serem "inconstitucionais" se elas forem inconsistentes com as constituições da natureza ou da sociedade. Brownson argumentou que não é a ratificação sozinha que dá legitimidade a uma constituição de governo, mas que também deve ser competentemente desenvolvida e aplicada.

O Poder constituinte supranacional, na verdade se trata de uma visão atual decorrente da ampliação da proteção aos direitos humanos, cuja proteção deriva de um processo de expansão jurídica de proteção dos direitos humanos que vem se intensificando nos últimos anos, especialmente após a segunda guerra mundial.

Evidencia-se a ruptura das premissas tradicionais de organização dos Estados, emergindo a ideia da coexistência de um poder constituinte pautado na cidadania universal, no pluralismo de ordenamentos jurídicos numa visão remodelada de soberania. Nesse itere, Maurício Andreioulo Rodrigues[6] defende a existência de um *tertium genus* de poder constituinte, que busca sua fundamentação menos na vontade do povo-nação e mais na vontade do povo-cidadão universal, que é seu verdadeiro titular.

Um poder preocupado com a formação de uma Constituição supranacional elaborada legitimamente e, por conseguinte, apta a vincular os Estados ajustados sob o seu comando. Segundo essa teoria, o titular do poder constituinte supranacional é o cidadão universal.

Mesmo assim, não há como se falar em *comunidade* no Direito Internacional sem que se relacione, internacionalmente, as *sociedades*, com suas peculiaridades sócio-econômicas e jurídicas para o alcance de uma verdadeira comunidade entre Nações.

---

6 Maurício Andreioulo Rodrigues

O professor Celso Albuquerque Mello[7] (1992:357), a respeito das teses acerca da integração dos Estados no plano internacional, apresenta a tese de Deutsch, comentando o seguinte:

Karl Deutsch sustenta que a integração depende de uma efetiva comunicação entre os Estados de uma região, o que desenvolve o sentido de "comunidade" entre eles. Assim sendo, haveria um aumento das relações entre estes Estados em comparação com as relações com os demais Estados. As finalidades de integração podem ser resumidas nas seguintes: a) manutenção da paz; b) aumentar as potencialidades; c) realizar determinado objetivo; d) possuir uma nova imagem e identidade.

Vê-se que o modelo de comunidade integrada enaltece o princípio da prevalência dos direitos humanos. Nesse ponto, relevante a lição de Pedro Dallari[8] (*apud* Mazzuoli, 2000:132) ao destacar que:

> a *prevalência dos direitos humanos,* enquanto princípio norteador das relações exteriores do Brasil e fundamento colimado pelo País para a regência da ordem internacional não implica tão-somente o engajamento no processo de edificação de sistemas de normas vinculados ao Direito Internacional Público. Impõe-se buscar a plena integração das regras de tais sistemas à ordem jurídica interna de cada Estado.

Resta evidente que o caminho a ser seguido no regramento supranacional é a aplicação dos direitos humanos, isto é, abstrair da sociedade internacional para implantar na comunidade regional.

O professor Fernando Barcellos de Almeida[9] (1996:24), acerca desse primado apresenta o seguinte conceito:

> Direitos humanos são as ressalvas e restrições ao poder político ou as imposições a este, expressas em declarações, dispositivos legais e mecanismos privados e públicos, destinados a fazer respeitar e concretizar as condições de vida que possibilitem a todo ser humano manter e desenvolver suas qualidades peculiares de inteligência,

---

7 MELLO, Celso D. de Albuquerque. *Direito Constitucional Internacional: uma introdução.* 2. ed., Rio de Janeiro: Renovar, 1992, p. 357.

8 Pedro Dallari, apud Mazzuoli, 2000, p. 132.

9 Fernando Barcellos de Almeida

dignidade e consciência e permitir a satisfação de suas necessidades materiais e espirituais.

É Inegável que dentre todos os princípios norteadores do direito, o princípio dos direitos humanos é o mais abrangente, além de nele estar sintetizado todos os demais direitos fundamentais, uma vez que respeitados os direitos humanos estar-se-á acoimando os demais princípios, que de certo modo, estão intrinsecamente alicerçados nele.

No caso dos países sul americano, a prevalência dos direitos humanos consiste num desafio pesaroso, haja vista que esses países são marcados por caudilhismos[10], ditaduras que foram extintas recentemente, golpes de Estado que persistem até esta década, além de movimentos guerrilheiros e sociais de luta armada e da inconstante efetividade constitucional dos países desta região, conforme leciona o professor Paulo Napoleão Nogueira da Silva (2000:267s).

A efetivação de uma *comunidade sul americana de nações* não subsistiria paralelamente a tais anacronismos. Portanto, imperioso que os países sul-americanos promovam com autenticidade e veemência a aplicação dos direitos humanos que é pressuposto da democracia e da completa e plena configuração de uma *comunidade internacional.*

O princípio da prevalência dos direitos humanos, deve, pois, ser engendrado como requisito ou princípio da comunidade sul americana para os países integrantes incorporarem uma democratização política plena, haja vista que uma sociedade pode su-

---

10 São denominados **caudilhos** os políticos e grandes líderes de determinadas nações que exercem seu poder de forma carismática e de caráter populista por vias autoritárias ou autocráticas, fazendo com que sejam associados aos ditadores e tiranos. A corrente do **caudilhismo** teve grande expressividade na América Latina, principalmente nos países que foram colonizados pela Espanha. Historicamente, os caudilhos foram se formando ao longo da independência das nações latino-americanas de suas colônias. Muitos deles eram grandes senhores de terra que queriam fazer prevalecer seus direitos acima dos outros de qualquer maneira. No Brasil, com a força política da elite agropecuária e cafeicultora, muitos senhores de engenho formaram exércitos próprios e leis que privilegiavam sua autoridade para exercer um mandato sustentado por interesses pessoais e políticos.

portar as diferenças existentes noutra sociedade vizinha, mas jamais isto aconteceria numa única comunidade, e o nosso propósito é a formação de uma *comunidade supranacional*, portanto, imprescindível a incorporação intrínseca e perene dos direitos humanos e dos direitos subjacentes que este comporta, em todas as Nações que pretendam harmonizar-se numa só comunidade internacional.

Os países latino-americanos poderiam aplicar os Tratados, Convenções, Protocolos, etc, já existentes em relação aos direitos humanos, o Pacto de São José da Costa Rica, que, aliás, já foi ratificado pelo Brasil através do Decreto n.º 678, de 6 de novembro de 1992.

Sobre a preservação dos direitos humanos a Constituição brasileira de modo finalístico estipula que a cooperação do Estado pode ser realizada de modo unilateral colaborando e ajudando outros Estados em sua tentativa de progredis e ainda, como ato bilateral. De sorte que deve haver a cooperação com o objetivo de alcançar o progresso da humanidade.

Certo é que o Brasil possui várias relações internacionais de cooperação, reflexo do princípio em questão a exemplo da *Declaração de Princípios sobre a Cooperação entre o Governo da República Federativa do Brasil e o Governo do Canadá para a Manutenção da Paz e da Segurança Internacionais*, realizado em Brasília, em 15 de janeiro de 1998, e o *Tratado de Amizade, Cooperação e Consulta entre a República Portuguesa e a República Federativa do Brasil*, aprovado pela Resolução da Assembleia da República n.º 83/2000, de 14 de dezembro de 2000. O próprio Tratado de Assunção, de 1991, não deixa de ser uma cooperação entre os países do Cone Sul.

Há de se estender as relações internacionais no sentido de promover a cooperação cultural, sócio-econômica, tecnológica e científica, e o intercâmbio educacional, entre outras áreas, no âmago da *comunidade* sul americana, pois possuem características mais próximas relativamente aos europeus.

Entre os países da comunidade sul americana, não deve pairar o artificialismo, a mera camaradagem existente na cooperação entre sul-americanos e europeus, asiáticos ou anglo-saxãos, mas sim, um efetivo enraizamento cooperativo entre as nações aqui presentes, que além de vizinhos, necessitam viver numa fraternidade política, econômica, jurídica e social, harmonizando as peculiaridades culturais inerentes a cada um dos Estados.

Importa ressalta que aprofundar o conceito de Estado Constitucional Cooperativo, é o caminho par a promoção da integração supranacional, um fenômeno que pode ser analisado tanto da perspectiva do Direito Internacional, quanto do Direito Constitucional. Não é demais admitir a possibilidade de existência de um Estado Constitucional Cooperativo, embora evidenciadas as implicações que a abertura, cooperação e integração regional e global trazem para a Constituição.

Dificuldades quanto a aceitação da integração subsistem, conquanto o processo de efetiva integração entre Estados é relativamente recente e a escolha de um caminho exige prudência. Por esse e outros motivos é que a integração sul americana é ainda modesta, mantendo a união com as características da intergovernabilidade.

No entanto, é necessário se questionar se essa é efetivamente a melhor escolha, quando se tem em vista o aprofundamento da integração. Será que é possível avançar significativamente na integração mantendo o seu caráter intergovernamental, o respeito irrestrito a soberania dos países membros, traduzido, basicamente, na tomada de decisões por unanimidade com necessidade de ratificação interna pelos parlamentos nacionais?

Quanto à escolha do melhor caminho, supranacionalidade ou intergovernabildade, geralmente a doutrina se posiciona a favor da supranacionalidade.

Com esse propósito, Paulo Roberto Almeida[11] (1998, p. 127), enuncia que:

> um dos grandes problemas da evolução política futura do Mercosul é, precisamente, o salto para a adoção integral de instituições comunitárias de tipo supranacional, transição que ocorrerá, mais cedo ou mais tarde, nos Países-Membros, considerando-se que o Mercosul constitui, efetivamente, o embrião de etapas superiores de integração.

11 Paulo Roberto. O Mercosul no contexto global. In. BASTOS, Celso Ribeiro e FINKELSTEIN, Cláudio (orgs.) *Mercosul: lições do período de transitoriedade.* São Paulo: Instituto Brasileiro de Direito Constitucional, 1998, p. 127

Na mesma senda, Wagner D'Angelis[12] assegura que:

> sem órgão jurisdicional independente e instituições decisórias supranacionais, sem harmonização legislativa e macroeconômica, sem órgãos autônomos e distintos dos respectivos governos nacionais, dentre outros aspectos, não estamos diante de real integração e muito menos somos uma Comunidade de Nações.

A possibilidade de aprofundamento da integração com a manutenção do modelo atual, parece estar distante, uma vez que em qualquer tensão política interna nos países pode desencadear medidas contrárias aos ideais integracionistas.

No entanto, os Estados devem ter como meta o princípio segundo o qual a supranacionalidade se constitui no caminho necessário para a viabilização de uma união mais estreita entre os povos da região.

Para que haja uma integração plena é necessário que os Estados se coloquem em posição legítima, democrática, porquanto, ainda subsiste problemas isolados detectados na integração sul americana.

A propósito, críticas existem quanto ao déficit de democracia do processo de integração europeu, coibindo a perspectiva do modelo democrático consolidado no âmbito do Estado Nacional, ou seja, tem-se como referência ou padrão democrático, o modelo consolidado no Estado Nacional.

Assim, preexiste ao fenômeno da supranacionalidade supranacional, a subsistência de elementos que norteiam o conceito de democracia junto ao Estado Nacional.

Quando da consolidação dos Estados Nacionais Modernos, fundados na racionalização do poder, na liberdade e na democracia, houve uma ampla discussão de ideias que nortearam, principalmente, o pensamento de Jean Jacques Rousseau e Emmanuel Joseph Sieyès.

---

12 D'ANGELIS, Wagner Rocha. *Mercosul. Da intergovernabilidade à Supranacionalidade? Perspectivas jurídicas para a efetivação do mercado comum.* Curitiba: Juruá, 2000, p. 21 e 226.

Para Rousseau[13], pela mesma razão que a soberania não pode ser alienada ela não pode ser representada. A soberania consiste na vontade geral, e a vontade não é representada, é a mesma, ou é outra, não há meio termo. A ideia da representação é moderna, pois nas antigas Repúblicas e mesmo nas Monarquias o povo jamais foi representado. Conforme sua famosa frase, "o povo inglês pensa ser livre, mas engana-se grandemente; só o é durante a eleição dos membros do parlamento: assim que estes são eleitos, é escravo, nada é. Nos curtos momentos de sua liberdade, o uso que dela faz bem merece que a perca".

Para Sieyès[14], por outro lado, a questão da vontade geral expressada mediante a representação não é questionada. No entanto, Sieyès enfrentando o problema dos interesses individual e corporativista admite que esses se sobreporem ao interesse comum, e sustenta que:

> ligar o destino das sociedades a esforços de virtude seria uma manifestação de muito pouco conhecimento dos homens. É preciso que, mesmo na decadência dos costumes, quando o egoísmo parece governar todas as almas, a assembleia de uma nação seja constituída de tal forma que os interesses particulares permaneçam isolados e o voto da maioria esteja sempre conforme ao bem geral. Este efeito está assegurado se a constituição é suportável.

Com esses pensadores inaugura-se o constitucionalismo clássico, que predominou no século XIX, basicamente assentado sobre a ideia de nação ou povo. Por esse novo fundamento de legitimidade do poder exigiu uma grande ruptura com a ordem até então existente, fundada na lealdade local e dinástica. A consciência nacional possibilitou a consciência democrática cidadã, e ambas trouxeram o novo fenômeno da cidadania solidária, que desde então moldou a sociedade nacional.

---

13 ROUSSEAU, Jean-Jacques. *Do Contrato Social e Discurso sobre a Economia Política*. Trad. Márcio Pugliesi e Norberto de Paula Lima. Curitiba: Hemus, s/d, p. 101-102.

14 SIEYÈS, Emmanuel Joseph. *A Constituinte Burguesa. Qu'est-ce que le Tiers État?*. Trad. Norma Azevedo. 4° ed. Rio de Janeiro: 2001, p. 70.

Impera, dessa sorte trazer breve escorso histórico acerca da democracia, vez que o Homem, na política, realiza a arte do possível, aquilo que o tempo e o meio em que vive permitem.

No fundo, Rousseau já percebia que as instituições são de grande importância para a democracia, pois são elas que dão sustentação e durabilidade ao regime representativo.

O constitucionalismo clássico do século XIX assentou-se sobre uma ideia parcial de democracia, a de que o direito de representar ou de ser representado está vinculado a condição de proprietário, ou seja, afasta-se a ideia de pessoa humana, como fundamento da democracia, para substituí-la pela condição de pessoa detentora de bens materiais[15]. Essa concepção foi fortemente atacada pelo marxismo e por todos os movimentos de esquerda que surgiram através dos movimentos operários do século XIX[16].

Posteriormente as grandes guerras, sobrem a ideia de que a política é a arte do possível e a democracia é a forma de fazer com que o Homem atinja um grau suportável de convivência, respeitando as individualidades e, ao mesmo tempo, procurando buscar, mediante uma consciência comum ou consenso, regras básicas para gerir os conflitos, que são constantes e expressam a condição humana.

As desigualdades de força, de poder econômico, político e cultural causam tensão na ordem democrática, que muitas vezes a levam para uma situação de descrédito. No entanto, ao mesmo tempo, a crítica às tensões sofridas pela democracia só tende a fortalecê-la em face das desigualdades, pois não há regime melhor que dê conta de enfrentar o Homem na sua condição de humano.

O Homem, então, está diante desse grande desafio que é conviver consciente de suas fraquezas e de sua pequenez[17].

---

15 O Estado é uma associação que reúne os burgueses proprietários.

16 Ainda que sob outra perspectiva, também Carl Schmitt chega a qualificar o Parlamentarismo como uma moderna forma de aristocracia. Ver: MEHRING, Reinhard. *Carl Schmitt zur Einführung*. Hamburg: Junius, 2001, p. 46.

17 Não são todos, por certo, que conseguem viver buscando a verdade. Muitos, ainda, preferem a ilusão e buscam nas diversas formas de conforto, o alívio para a dura realidade que os cercam. A moral e a religião ainda separam, no Homem, o ser que é real e o ser que é ideal, na tentativa, cada vez mais angustiante, de tentar livra-lo da verdade.

Nas palavras do Professor Doutor Marcos Augusto Maliska[18], em seu artigo denominado "A supranacionalidade no Mercosul. A transferência de direitos de soberania e o problema da legitimidade democrática", destaca que.

> Por melhor que seja a intenção, a política não pode ficar à mercê de uma única visão de mundo, ela necessita do debate, da discussão pública e da contraposição dos pontos de vista. A experiência de duas grandes guerras trouxe a percepção de que a democracia tem, no Parlamento, um instrumento para realizar aquilo que é considerado como o mais razoável possível, além de consolidar a necessidade de que instituições fortes dependem de uma sociedade forte, atuante, economicamente justa e consciente de que tudo em sua volta é resultado de si própria. O Parlamento de um país é o resultado de sua sociedade. Aperfeiçoar o Parlamento é aperfeiçoar a sociedade em que se vive. Dessa forma, a democracia necessita, além do Parlamento, de uma sociedade civil ativa, que fiscalize e exija dos seus representantes a adoção de medidas razoáveis. Nesse ponto, entra em discussão o debate público realizado pela mídia. Os jornais, as revistas, a televisão, o rádio, a internet, enfim, todos os meios de comunicação, são fundamentais para a criação de um espaço democrático, de um viver democrático, em que todos saibam os limites de suas ações. A democracia, enquanto experiência histórica que implique em melhora substancial da vida do conjunto da população, exige certa homogeneização das condições de vida, ou seja, uma democratização econômica da sociedade, em que a redistribuição de renda atinja patamares razoáveis, dando reais possibilidades de ascensão social para o conjunto da população.

Ora, se a modernidade for entendida como a promessa dessa homogeneização no plano nacional, qualquer processo de integração regional que exceda a Europa setentrional estará atropelando a história. Nesse sentido, a própria União Europeia seria o caso, ao abrir-se para o sul e para o oriente. Mas essa questão não pode ser vista sob esse prisma. O fenômeno da integração supranacional está nos marcos da modernidade, enquanto desenvolvimento de suas instituições políticas. A modernidade

---

18 Texto produzido como atividade de Pesquisa Acadêmica realizada junto ao NUPECONST – Núcleo de Pesquisa em Direito Constitucional da UniBrasil, em Curitiba, e apresentado como *Aula Magna,* da mesma instituição, no dia 21 de fevereiro de 2005.

nacional foi um estágio necessário nesse processo, e diga-se, de alto custo, pois com ela veio a experiência do fascismo, que trouxe lições que foram bem apreendidas.

A pouca experiência democrática no âmbito nacional não é apenas um problema sul-americano. A União Europeia, com a sua abertura para o sul e para o leste, também encontra sociedades com pouca tradição democrática. Ainda que o comunismo tenha acabado com as grandes propriedades rurais e tenha redistribuído a renda, formando sociedades mais homogêneas, faltam a elas experiência do conviver democrático, do respeito às regras do jogo, do dever de tolerância, verificado inclusive na antiga Alemanha oriental, com os chamados neo-nazis.

O processo de integração supranacional deve conjugar a experiência democrática nacional com a integração democrática supranacional, sob pena de neutralizar uma das duas. A integração supranacional pode ser um elemento de fortalecimento da democracia nacional, se as instituições nacionais não forem desprezadas. A solução talvez se encontre no envolvimento das instituições nacionais no processo de consolidação das instituições supranacionais, de modo que não haja duplicidade, como ocorre hoje no âmbito do Estado Federal. Nesse ambiente de convivência harmoniosa entre Estados nacionais e instituições supranacionais, todos devem se sentir parte do processo, para que não haja rompimento dessa harmonia que sustenta a união.

O processo de integração supranacional sul-americano tem como âncora a história política e as estruturas de poder dos países que compõe a região, pois a existência de uma consciência democrática das sociedades nacionais é relativamente recente, havendo, ainda, resistências aos ideais democráticos, em razão da democracia, em muitos casos, não ter conseguido se firmar como autoridade.

É necessário, portanto, superar a concepção que vê em toda autoridade o autoritarismo e que almeja, um tanto quanto de maneira utópica, a possibilidade da existência de um regime político com ausência de autoridade. A democracia necessita da autoridade, sem a qual não há governo. Esse equilíbrio – ser autoridade sem ser autoritário – não foi ainda plenamente alcançado e é, por isso, que pesquisas sobre a autoridade dos governos civis democráticos sul-americanos mostram, com frequência, a preferência da população pelos governos militares, considerados como governos com autoridade.

A diversidade cultural e étnica que marca países como o Brasil e o Paraguay, por exemplo, coloca o problema da integração racial como um desafio crucial para o fortalecimento da democracia na região. Não se trata apenas de criar instituições representativas, mas, principalmente, de fomentar nas pessoas o respeito à diversidade com igualdade de oportunidades. Essa é uma equação difícil de ser resolvida, pois são diversos os interesses que estão em jogo. É de se questionar se o fortalecimento de instituições supranacionais aceleraria o processo democrático interno ou seria um entrave a ele.

Por certo que a resposta a esse questionamento dependerá de país para país, pois a heterogeneidade é uma característica entre os países também, de modo que não há uma receita que possa ser aplicada a todos os casos.

Formalmente os países latino americano estão, desde o século XIX, atrelados aos ideais democráticos burgueses das Revoluções Francesa e Norte Americana.

A ausência, por completo, de substrato social para realizar a revolução nos trópicos, fez dos ideais revolucionários palavras vazias nas Constituições.

A democracia, como sentimento de que o poder lhe pertence, de que a pessoa também é responsável pelo governo que a governa, é muito recente, e precisa ser fortalecida, para que possa se constituir em um consistente instrumento de integração e inclusão social.

Quanto as desigualdades de desenvolvimento entre os países e mesmo entre regiões, dentro de um mesmo país, o processo de integração pode fortalecer a democracia interna ao inserir a comunidade política menos desenvolvida em uma estrutura de poder maior. Nesse sentido, é preciso ter em mente a experiência histórica brasileira, que teve muitas vezes na União uma forma de modernização de suas instituições.

O poder político local, preso aos interesses políticos imediatos daqueles que dominam a cena local, impede que princípios e instituições sejam fortalecidos. Assim, a distância da organização central, imparcial em face dos interesses locais, se sobrepõe a essa estrutura e passa a ser uma importante fiadora da democratização do poder local.

Para que esse processo de troca funcione, em que a experiência democrática nacional possa interferir na construção da estrutura supranacional, bem como as instituições supranacionais possam também ser instrumentos de fortalecimento das estruturas democráticas nacionais deficitárias, as instituições supranacionais devem estar em sintonia com as instituições nacionais, como uma espécie de extensão dessas. A integração supranacional deve ser compreendida como uma extensão das atividades do Estado para um fórum comum, supranacional, ou seja, o Parlamento Nacional não atua mais apenas no território nacional, mas em relação de cooperação com outros Parlamentos Nacionais tendo em vista objetivos comuns regionais. Essa concepção não corre o risco de colocar as instituições nacionais em competição com as instituições supranacionais, situação que seria extremamente prejudicial ao processo de integração e, inclusive, enfraqueceria o processo democrático interno de cada país.

As democracias dos países sul-americanos estão sendo desenvolvidas, nos últimos anos, de forma bastante acelerada. Essa ambiente democrático promove tanto a renovação da sociedade nacional, para que se assente sob outros princípios, como também a prepara para o cenário da integração, fazendo com que ela seja um ente privilegiado nesse processo. A integração tem que fazer parte do desejo político das pessoas, dos partidos, do governo, das instituições, ou seja, ela deve ser incorporada como algo que representa o futuro, e que o seu sucesso ou o seu fracasso dependem de como irão agir hoje os atores que dela fazem parte.

A discussão que envolve o processo democrático supranacional tem diversos aspectos a serem abordados. Muitos desses aspectos implicarão um aprendizado simultâneo, pois eles necessitam ser forjados tanto no âmbito nacional, quanto supranacional. No caso específico do Brasil, quando se pensa a experiência democrática nacional e o tema da representação política, coloca-se como de grande importância a necessidade urgente de se fortalecerem os partidos políticos, mediante uma reforma política que dê ênfase a estrutura partidária e não a pessoa do candidato, que, para fins de eleições proporcionais para o Parlamento, releva-se como verdadeira distorção funcional, o eleitor votar na pessoa e não no partido. A combinação de personalismo com ausência de fidelidade partidária tem um efeito devastador sobre a democracia representativa brasileira, pois ela é a origem de inúmeros outros problemas, de ordem político-constitucional, que afligem o país.

Desta forma, é necessário se corrigir essa distorção interna antes que se possa pensar em integração supranacional. O Brasil precisa de alguns partidos políticos fortes, que estejam vinculados a determinadas visões de mundo que precisam ser forjadas no novo contexto da globalização e da liberalização do capital. Caminhar para a integração supranacional, sem ter essa estrutura política interna definida, irá reproduzir a distorção representativa hoje existente no plano nacional, no plano supranacional.

Fortalecer o partido político é fortalecer uma das mais importantes instituições da democracia. Hoje, o Partido joga um jogo secundário, pois ele é apenas uma legenda, que é ocupada por grandes personalidades que dele fazem o que bem entendem. Com uma reforma política que fortaleça os partidos, o número de partidos com representação tenderá a diminuir, haverá a fusão entre as legendas que possuem afinidade ideológica, e a disputa interna no partido passará a ser de grande importância para a luta pelo poder. Não haverá mais o candidato «salvador da pátria», o candidato «herói», que está acima do partido. Esse processo de racionalização da política brasileira foi interrompido, em 1964, e, até hoje, não obstante terem se passado mais de vinte anos do fim do regime militar, a democracia brasileira não conseguiu recolocar os partidos no lugar que eles devem ocupar.

São, portanto, diversas as questões de fundo que um processo democrático supranacional sul-americano necessita enfrentar. Todas elas estão relacionadas com o próprio aperfeiçoamento democrático nacional, de modo que tenderão a caminhar juntas com o fortalecimento das democracias nacionais.

De todo modo, quando se pensa na possibilidade da integração supranacional sul-americana, é de se questionar até que ponto o modelo europeu revela-se o mais adequado sob o ponto de vista democrático. Como já abordado, existe uma grande preocupação entre os europeus com as falhas estruturais do sistema jurídico-político supranacional da União Europeia. É uma preocupação que não deixa de ter razão, pois a duplicidade representativa dos parlamentos (nacional e supranacional), tende, em nome da soberania, a pender o Poder para o parlamento nacional, com consequente fortalecimento dos executivos nacionais na União, órgão por excelência de representação dos interesses dos Estados Nacionais. Na disputa com o parlamento nacional, o parlamento supranacional tende a sair enfraquecido. No entanto, o verdadeiramente fortalecido nesse processo não é o parlamento nacional, mas o executivo nacional enquanto legislador central supranacional. Assim, tem-se certo que ambos os parlamentos, nacional e supranacional, são enfraquecidos nessa disputa de poder que acaba fortalecendo o executivo nacional.

Para evitar que isso ocorra, se faz necessário romper com a duplicidade que há, no modelo europeu, entre parlamento nacional e supranacional. O parlamento nacional deve agir diretamente no legislativo supranacional, em condição de cooperação com outros parlamentos nacionais. Os povos dos Estados devem se fazer representar no parlamento supranacional por meio de seus representantes nacionais. O novo nessa nova experiência se dá com o fim do monopólio legislativo que dispõe o parlamento nacional, que passa a legislar, no âmbito da competência supranacional, em condições de cooperação com outros parlamentos nacionais[19].

Para a formação do parlamento nacional, o eminente Professor Marcos Augusto Maliska[20] em seu artigo "A supranacionalidade no Mercosul. A transferência de direitos de soberania e o problema da legitimidade democrática", defende que:

> O parlamento supranacional teria duas vertentes: uma representativa das correntes ideológicas, que poderiam ser formadas entre as várias agremiações políticas nacionais, constituindo, inclusive, partidos supranacionais segundo suas características políticas; e outra,

19 Esse pensamento encontra-se em FISCHER, Joschka. *Vom Staatenverbund zur Föderation*, p. 27, ao declinar que "a câmara representativa dos cidadãos seria ocupada por Deputados eleitos que ao mesmo tempo seriam também membros do parlamento nacional, não ocorrendo assim oposição entre o parlamento nacional e o parlamento europeu, entre o Estado nacional e a Europa".

20 Marcos Augusto Maliska A supranacionalidade no Mercosul. A transferência de direitos de soberania e o problema da legitimidade democrática

> representativa dos interesses nacionais, que tenderia para defender nas instituições supranacionais os interesses do Estado nacional que representa. Essa situação não é efetivamente nova, pois ela já ocorre no âmbito do Estado federal, em que, não obstante os partidos políticos serem organizados em âmbito nacional, as bancadas estaduais e regionais possuem considerável força política no Congresso. É de se questionar se a força política das bancadas estaduais e regionais não seria uma das consequências da deficiência do sistema político representativo brasileiro, mencionado anteriormente, no sentido de que a falta de rigidez partidária possibilitaria o jogo duplo realizado pelo parlamentar. Da mesma forma, a composição do Senado Federal também revela ser incompatível com um sistema partidário rígido. O Senador é eleito pelo princípio majoritário para representar o Estado junto ao Congresso Nacional. A fidelidade partidária colocaria o Senador diante de um possível dilema, que seria o de representar os interesses do Estado mesmo quando conflitante com a diretriz do partido. É necessário observar que na composição do parlamento supranacional a representação do parlamento nacional seria fiel a sua formação, ou seja, os representantes nacionais junto ao legislativo supranacional retratariam as forças políticas do parlamento nacional. Nesse sentido, teria o governo nacional condições de atuar politicamente junto ao legislativo supranacional na defesa de seus interesses, pois, afinal, lá estaria a representação da maioria conquistada no âmbito nacional. Em linhas gerais, como sugestão para discussão do tema, a composição dos órgãos supranacionais dar-se-ia da seguinte forma: o executivo supranacional seria formado pela Comissão, que teria por finalidade representar os interesses da União; o judiciário supranacional seria formado por um Tribunal supranacional, composto por juízes de todos os países membros que preenchessem os requisitos para ocupar a mais alta corte de seu país; o legislativo supranacional seria formado por duas câmaras, o Parlamento e o Conselho.

O Parlamento supranacional seria formado por representantes dos parlamentos nacionais, eleitos indiretamente pelos parlamentares nacionais. Os representantes do parlamento nacional atuariam exclusivamente no parlamento supranacional, sendo que regularmente apresentariam relatórios de suas atividades ao parlamento nacional.

Não obstantes tais mecanismos, a supremacia do conselho supranacional somente subsistirá sobre o parlamento tão somente em face da análise dos projetos de leis, que, quando propostos pela Comissão ou por algum dos conselheiros, teriam o seu processo legislativo iniciado pelo conselho. A decisão final do Conselho poderia estar sujeita a um veto do Parlamento, mediante *quorum* qualificado.

Os projetos de leis apresentados por parlamentares teriam como casa iniciadora o Parlamento. No entanto, a decisão final do Parlamento poderia ser obstruída por um veto do Conselho, que para ser derrubado necessitaria do voto da maioria qualificada dos membros do Parlamento.

A integração supranacional de Estados nacionais federais como são o Brasil e a Argentina, discutem a repercussão que a integração pode trazer para a estrutura política nacional.

Atendendo essa preocupação, a integração supranacional sul-americana deve atentar para a existência de uma Comissão de Regiões, formada por representantes dos governos e das assembleias estaduais ou regiões das federações nacionais, que teriam a capacidade de intervir no processo legislativo supranacional, mediante pedido de vistas e elaboração de parecer sobre projeto de lei supranacional com impacto direto nos seus interesses. Essa seria uma forma de resguardar os interesses dos estados federados nacionais em face do processo legislativo supranacional. Além da possibilidade aqui abordada, os Estados federados teriam também assegurada a participação no palco supranacional através dos senadores representantes do Congresso no Parlamento supranacional.

O caminho para a supranacionalidade deve ser preparado mediante uma pré-integração das instituições nacionais no processo supranacional. Assim, para ser superado o déficit de democracia que a integração supranacional apresenta, se faz necessário ampliar as competências dos parlamentos nacionais nas tomadas de decisão, com o fortalecimento de uma Comissão Parlamentar Conjunta.

Finalmente, é de se destacar que não basta simplesmente copiar estruturas de ordenamentos jurídicos outros ou de outros blocos econômicos, como o da União Europeia. O que deve ser feito é, partindo da experiência europeia, promover adaptações à realidade da união sul americana com o aproveitamento do arcabouço jurídico do Mercosul.

Por outro lado, o sistema de solução de controvérsias entre os países membros da comunidade de integração dependerá do seu grau de aprofundamento e da autonomia institucional de seus órgãos, pois quanto maior a autonomia e independência da organização, maior será a necessidade de instituições judiciais dotadas de competência para decidir sobre as questões decorrentes da associação.

Um sistema de solução de controvérsias definitivo, no caso do Mercosul atualmente é incerto, uma vez que o processo de integração ainda está em formação. No entanto, embora lentamente, o bloco vem atingindo os seus objetivos, alargando o seu campo de atuação, com a expectativa de, futuramente, abranger outros aspectos além dos econômicos, como os sociais, culturais, políticos, monetários.

Em havendo o alargamento do Mercosul, com a consolidação da união aduaneira e o início da formação do mercado comum, outros países virão integrarse, como é o caso da Bolívia e do Chile, ou os países da Comunidade Andina, daí por que é absolutamente necessário um eficaz mecanismo de solução de controvérsias, capaz de resolver os conflitos decorrentes da integração.

A adoção definitiva de um mecanismo de solução de controvérsias deve indubitavelmente ser precedida da consolidação do processo de integração e de seu alargamento, sendo necessário prever meios que possibilitem atender aos interesses de todos os membros e principalmente, em face das desigualdades socioeconômicas existentes, resguardem os interesses comerciais, políticos e sociais dos Estados que detêm maior peso, como é o caso do Brasil e da Argentina.

O Professor Eduardo Biacchi Gomes[21], em seu artigo intitulado União Européia e Mercosul - Supranacionalidade versus Intergovernabilidade, admite que:

> Enquanto a Constituição da Argentina e a do Paraguai seguem a teoria monista do primado do Direito Internacional, a do Brasil e a do Uruguai não estabelecem o posicionamento hierárquico das normas internacionais em relação ao ordenamento jurídico interno. A teoria

21 Eduardo Biacchi Gomes. Pós-Doutor pela Universidade Federal do Rio de Janeiro (em Curso). Doutor em Direito pela Universidade Federal do Paraná. Professor-pesquisador em Direito da Integração e Direito Internacional da UniBrasil, Graduação e Pós-Graduação (Especialização e Mestrado). Membro do NupeConst – Núcleo de Estudos em Direito Constitucional da UniBrasil

> monista garante estabilidade ao funcionamento do bloco econômico, na medida em que as leis nela baseadas têm primazia sobre as nacionais, não podendo por estas ser derrogadas. Por outro lado, a teoria dualista não confere nenhuma estabilidade jurídica no âmbito do Mercosul, pois as leis internacionais devem ser internalizadas no ordenamento jurídico dos Estados e estão em mesmo grau de hierarquia que as demais, podendo ser derrogadas por lei posterior. Portanto a estabilidade do Mercosul depende do posicionamento hierárquico que as Constituições dos Estados conferem às normas internacionais.

Ocorre, sessa forma, a diversidade no posicionamento dos Estados partes, conforme se pode constatar dos dispositivos constitucionais que regular a integração dos Estados, conforme a análise seguinte:

a) Paraguai. A Constituição da República do Paraguai tem peculiaridades que possibilitam o desenvolvimento do direito da integração, pois aceita a existência de uma ordem jurídica supranacional, desde que em condições de igualdade e reciprocidade com os demais Estados[22], atribuindo às normas internacionais o primado sobre as leis nacionais[23]. Esse fato, porém, não implica que as primeiras tenham aplicabilidade imediata no ordenamento jurídico interno, pois condicionadas à aprovação do Congresso Nacional.

Assim esclarece Francisco Centurión[24]:

> Sin embargo, há de tenerse en cuenta que en definitiva son los organos internos de cada estado los que intervienen en la conclusión de un tratado, y siendo así en todo ese proceso es regulado por el derecho interno de cada estado. Por ejemplo, en la etapa de negociación

22 Art. 145

23 Estabelece o artigo 141 da Constituição paraguaia: "Los tratados internacionales validamente celebrados, aprobados por ley del Congreso, y cuyos instrumentos de ratificación fueran canjeados o depositados, forman parte del ordenamiento legal interno con la jerarquía que determina el artículo 137". Por sua vez, assim dispõe o artigo 137 da Constituição Paraguaia: "La ley suprema de la República es la Constituición. Esta, los tratados, convenios y acuerdos internacionales aprobados y ratificados, las leyes dictadas por el Congreso y otras disposiciones jurídicas de inferior jerarquía, sancionadas en consecuencia, integran el derecho positivo nacional en el orden de prelación enunciado".

24 Derecho constitucional. Assunción: EMASA.SRL, 1998. p. 358.

es el jefe de estado el que interviene, pero siempre sujeto al derecho interno que establece su competencia. Con la firma que sería la segunda etapa, se fija el texto y el contenido del tratado que no puede ser ya variado por las partes, sin una nueva renegociación. La firma del tratado, sin embargo no obliga al estado firmante a ratificarlo ni de la vigencia, pero siendo aprobado por el Congreso, conjuntamente con otros actos, como previene el Art. 141 de la Constituición esos tratados integran el ordenamiento jurídico positivo de la nación."

A Constituição paraguaia pode ser tomada, no âmbito do Mercosul, como modelo de ordenamento jurídico apto a acolher o Direito Comunitário, pois não só admite o primado das normas internacionais sobre as nacionais não obstante sua validade estar condicionada aos mecanismos de recepção para que vigorem na ordem interna, como também aceita a existência de uma ordem jurídica supranacional.

b) Argentina. O ordenamento constitucional do Estado argentino, a exemplo do paraguaio, adota o princípio do primado do Direito Internacional sobre o nacional, conforme disposição expressa do artigo 75, incisos 22 e 24[25]. E traz uma interessante

25 "Artículo 75. Corresponde al Congreso: [...] 22. Aprobar o desechar tratados concluidos con las demás naciones y con las organizaciones internacionales y los concordatos con la Santa Sede. Los tratados y concordatos tienen jerarquía superior a las leyes. La Declaración Americana de los Derechos y Deberes del Hombre; la Declaración Universal de Derechos Humanos; la Convención Americana sobre Derechos Humanos; el Pacto Internacional de Derechos Económicos, Sociales y Culturales; el Pacto Internacional de Derechos Civiles y Políticos y su Protocolo Facultativo; la Convención Internacional sobre la Eliminación de todas las Formas de Discriminación Racial; la Convención sobre la Eliminación de todas las Formas de Discriminación contra la Mujer; la Convención contra la Tortura y otros Tratos o Penas Crueles, Inhumanos o Degradantes; la Convención sobre los Derechos del Niño; en las condiciones de su vigencia, tienen jerarquía constitucional, no derogan artículo alguno de la primera parte de esta Constitución y deben entenderse complementários de los derechos y garantías por ella reconocidos. Solo podrán ser denunciados en su caso, por el Poder Ejecutivo Nacional, previa aprobación de las dos terceras partes de la totalidad de los miembros de cada Cámara. 24. Aprobar tratados de integración que deleguen competencias y jurisdicción a organizaciones supraestatales en condicioes de reciprociedad e igualdad, y que respeten el orden democrático y los derechos humanos. Las normas dictadas en su consecuencia tienen

forma de harmonização das normas internacionais com as leis nacionais, conferindolhes supremacia sobre o ordenamento jurídico nacional.

Importa ainda observar que, a exemplo da legislação da República do Paraguai, na Argentina as normas internacionais dependem de prévia aprovação do Congresso, o que impede a sua aplicabilidade direta no ordenamento jurídico nacional.

O modelo argentino dispõe de modos distintos a hierarquia das normas internacionais e nacionais, pois, em relação aos tratados sobre os direitos humanos e fundamentais, estes prevalecem sobre as leis nacionais, equiparandose à própria Constituição argentina.

Em matéria de tratados internacionais, o modelo argentino estabelece uma hierarquia segundo a natureza das normas internacionais, mas sempre com sua supremacia sobre as leis nacionais.

A equiparação à Constituição dos países dos tratados internacionais sobre direitos humanos, como é o caso argentino, decorre da preocupação mundial de tutelar e garantir os direitos e garantias individuais do homem, e com esse objetivo os Estados inserem em suas constituições dispositivos que venham a resguardálos.

c) Uruguai. A Constituição da República Oriental do Uruguai silencia em relação a um posicionamento hierárquico das normas internacionais e das leis internas, com o que abre a possibilidade de lei posterior revogar lei anterior. Sobre a adoção dessa regra e a instabilidade institucional que ela pode ensejar no Mercosul, assim se posiciona Jorge Fontoura[26]:

> En esa línea de pensamiento se ve, admitida (en el ámbito de la hermeneutica constitucional)la tesis de la nulidad del tratado por la lei posterior viceversa, principalmente por permitirse el control de le-

jerarquía superior a las leyes. La aprobación de estos tratados con Estados de Latinoamérica requerirá la mayoría absoluta de la totalidad de los miembros de cada Cámara. En el caso de tratados con otros Estados, el Congreso de la Nación, con la mayoría absoluta de los miembros presentes de cada Cámara, declarará la conveniencia de la aprobación del tratado y sólo podrá ser aprobado con el voto de la mayoría absoluta de la totalidad de los miembros de cada Cámara, después de ciento veite días del acto declarativo.

26 FONTOURA, Asimetrías constitucionales en el Mercosur, p. 9

> galidad y de constitucionalidad del tratado ante el derecho positivo constitucional, esa situación origina en el contexto del Derecho Internacional Publico y más específicamente, en la perspectiva de una integración aun mas profunda en el Mercosur, inseguridad y perplejidad angustiantes.

Conclui o autor afirmando que, em virtude da assimetria constitucional e da falta de uma norma que venha a regulamentar a hierarquia entre tratado e lei, o Mercosul corre o risco de desintegração.

Tal assertiva tem sua procedência pelo fato de que somente será possível assegurar a necessária estabilidade institucional do Mercosul e garantir que os Estados partes venham a cumprir as normas emanadas das instituições do bloco se as constituições, principalmente a do Brasil e a do Uruguai, vierem a assegurar a primazia do Direito Internacional sobre o direito nacional.

O texto da Constituição do Estado uruguaio não dá ênfase ao processo integracionista; ao contrário, ressalta o poder soberano em sua plenitude. Todavia, como forma de atenuar seu posicionamento "nacionalista", adota o sistema arbitral para a solução de divergências decorrentes da aplicação das normas dos tratados internacionais e uma política, ainda que genérica, de integração econômica e social com os Estados latino-americanos[27].

A Constituição do Uruguai, portanto, não obstante destacar o processo integracionista latino-americano e aceitar a arbitragem como via adequada para a solução de divergências decorrentes de tratados internacionais assinados por esse país, exalta a soberania como aspecto central do Estado, demonstrando assim sua opção

27 "Artículo 4o. - La soberanía en toda su plenitud existe radicalmente en la Nación, a la que compete el derecho exclusivo de establecer sus leyes, del modo que más adelante se expresará. [...] Artículo 6o. - En los tratados internacionales que celebre la República pondrá la cláusula de que todas las diferencias que surjan entre las partes contratantes, serán decididas por el arbitraje u otros medios pacíficos. La República procurará la integración social y económica de los Estados Latinoamericanos, especialmente en lo que se refiere a la defensa común de sus productos y materias primas. Asimismo, propenderá a la efectiva complementación de sus servícios públicos."

pela teoria dualista, notadamente ante a falta de qualquer dispositivo constitucional que regulamente a questão.

d) Brasil. No ordenamento constitucional brasileiro, a exemplo do uruguaio, não há dispositivo que estabeleça hierarquia nas normas internacionais em relação às nacionais. Consideradas equivalentes, são aplicadas segundo a regra "*lex posterior revogat priori*".

Muito embora, como analisado anteriormente, o artigo 4o, parágrafo único, da Constituição Federal estabeleça que a Nação tem como finalidade buscar a integração política entre os Estados latino-americanos, não explicita, a exemplo do texto constitucional uruguaio, mecanismos que a viabilizem.

A Constituição brasileira prevê sistema de celebração e aprovação dos tratados internacionais nos artigos 84, inciso VIII (competência exclusiva do Presidente da República para celebrar tratados), e 49, inciso I (competência exclusiva do Congresso Nacional para resolver definitivamente sobre tratados internacionais que acarretem obrigações ao Estado), o que demonstra a tradição dos Estados partes do Mercosul de adotar procedimentos internos de aprovação dos tratados.

Por faltar ao Brasil norma que regulamente a hierarquia de tratado internacional e norma interna, excetuando o caso de tratado envolvendo direitos humanos, os tribunais exercem papel preponderante na solução desse conflito e demonstram a tendência atual da jurisprudência brasileira para equiparar os tratados internacionais às leis nacionais[28].

O fato de a Constituição brasileira, como a uruguaia, não definir de forma expressa a resolução dos conflitos entre leis internacionais e nacionais impossibilita um procedimento unânime na tomada de decisões pelos Estados partes do Mercosul. Há, portanto, a necessidade de uma harmonização constitucional nessa matéria por parte dos países, o que facilitaria a adoção de um

28 O mais conhecido é o Acórdão proferido no Recurso Extraordinário 80.004 célebre por definir a paridade hierárquica entre normas internacionais e nacionais. Naquele julgado se questionava se a aplicabilidade da Convenção de Genebra sobre letras de câmbio poderia sobreporse ao Decreto-Lei 427/69, que trata da mesma matéria, editado posteriormente àquela Convenção.

sistema de solução de controvérsias efetivamente capaz de assegurar uniformidade na interpretação e aplicação do direito da integração no Mercosul, bem como o primado de suas normas sobre as nacionais.

CONCLUSÃO

A história dos povos é feita de suas experiências, as suas relações e os seus modos de sobrevivência, das suas formas de desenvolvimento, de suas lutas e de suas conquistas. Por exemplo, na Europa, após as destruições ocasionadas pela Segunda Grande Guerra Mundial - o marco histórico para a formação do direito comunitário europeu -, os Estados foram impelidos pelas circunstâncias a buscarem alternativas para a sobrevivência conjunta, o desenvolvimento produtivo e a suas reconstruções.

A experiência europeia decorrente desse processo histórico fez emergir a necessidade de reconstrução dos Estados europeus, forjando o surgimento de uma nova mentalidade, e fazendo com que os antagonismos e revanchismos históricos fossem deixados de lado em nome de uma reorganização territorial, social, política e jurídica.

A cooperação entre os povos europeus foi fundamental, em função da necessidade de ajuda recíproca para sobrevivência dos Estados, que trocaram o desejo de destruição do outro pela inevitável reconstrução. Os Estados em ruínas perceberam na cooperação a única forma de renascimento de suas tradições e do próprio continente[1].

A União Europeia é produto do arranjo geopolítico do pós-Segunda Guerra Mundial que, enquanto organização internacional, atingiu a interdependência institucional. O projeto europeu do pós-Segunda Guerra conseguiu criar uma inédita estrutura ins-

---

1 A formação de uma União Europeia foi aperfeiçoada com o Tratado de Maastricht, assinado em 07 de fevereiro de 1992, concebido após o colapso do bloco comunista que eclodiu no fim da guerra fria e da polarização mundial, cujo marco simbólico foi a queda do muro de Berlin. Referido tratado instituiu a União Europeia, em substituição à vertente puramente político-econômica – Comunidade Econômica Europeia.

titucional e uma coesão monetária entre os seus membros para uma organização internacional. Os seus êxitos no aprofundamento da cooperação interestatal serviram de base para as iniciativas integradoras em outras regiões, sobretudo na América do Sul, no tocante à teoria que justificou o projeto comunitário.

Desse modo, tendo como pressupostos a experiência do contexto europeu e de uma perspectiva realista do Direito e das Relações Internacionais, acreditamos ser possível a formação de uma comunidade de Estados sul-americanos, mediante a existência prévia de regras jurídicas comuns aos Estados-Membros. Nesse sentido, os conceitos de intergovernabilidade e de supranacionalidade são fundamentais para evitar as supervalorizações em relação ao direito dos Estados sul-americanos, que será apenas um aspecto local do direito internacional.

Em síntese, podemos concluir que o Direito Comunitário surgiu da cooperação entre os povos, da constatação da necessidade de ajuda recíproca para sobrevivência dos Estados, que no caso europeu, notaram o seu desejo aniquilador do outro ser substituído pela inevitável reconstrução. No pós-guerra não bastava o agir sozinho, pois os Estados estavam em ruínas e a cooperação surgiu como a única forma de renascimento de suas tradições e do próprio continente.

Portanto, a formação de uma comunidade de Estados sul-americanos também é possível, sob o Direito Comunitário, mesmo não estando em um cenário de pós-guerra, isto se dará mediante a existência prévia de regras jurídicas comuns aos Estados-Membros. Ou seja, através da formulação de princípios e normas regentes emanadas de uma Constituição elaborada por uma assembleia internacional constituinte formada por parlamentares representantes dos Estados.

Dessa forma, se tornará possível a formação de uma comunidade sul americana de nações, uma vez considerada a relevância da democracia para a formulação de políticas consistentes para a manutenção da unidade entre os Estados-membros.

O Direito Comunitário se constitui no conjunto normativo emanado por órgãos de caráter supranacional a quem os Estados membros delegaram parte de seus poderes. Este está intimamente ligado ao processo de integração em seu estágio mais avançado. Ressalve-se, porém, que os Estados membros conservam sua soberania, havendo a delegação de poderes para órgãos previamente determinados, os quais contarão com estrutura, procedimentos e processualísticas delimitadas e de caráter permanente. As diretivas, regulamentos e decisões emanadas dos órgãos supranacionais são aplicáveis não somente aos Estados membros, mas também aos cidadãos, pois tais normas têm como objetivo criar uma ordem jurídica comunitária, que é necessária para o alcance dos objetivos aos quais se propõe o bloco regional.

De acordo com Fontoura[2], direito comunitário originário ou primário, seria composto pelas normas previstas nos tratados de integração, incluindo seus eventuais protocolos modificativos ou complementares. Trata-se, a toda evidência, de normas que enquanto inseridas em tratados geradores de obrigações recíprocas entre Estados soberanos, diriam respeito claramente ao direito internacional público clássico, em cujo âmbito podem receber o específico tratamento e valoração.

A cooperação mostra-se como uma prática segura e eficaz para a reconstrução e o desenvolvimento de países que formam regiões territoriais comuns, sendo que o Direito acompanhou esta trajetória, ensejando o surgimento de um Direito Comunitário, constituído de normas criadas pelos próprios Estados em um modelo autônomo que não prejudica as suas soberanias particulares. A supranacionalidade nasce, pois, como um elemento agregador dos Estados, fora dos Estados, mas que atua diretamente nos entes públicos e sobre seus particulares, de forma autônoma e com primazia sobre os ordenamentos jurídicos internos, inclusive constitucionais.

Objetivamente, os tratados comunitários – ou os tratados internacionais tradicionais do Direito Internacional Público[3] – visam

---

2 FONTOURA, Jorge. A Construção Jurisprudencial do Direito Comunitário Europeu. In: Revista de Ciência Jurídica e Social. Unipar, vol. 2, n. 1: jan/jul 1999, p. 68.

3 Em 1951, Alemanha, Itália, França e os países do denominado "Benelux" (Bélgica, Holanda e Luxemburgo) criaram a Comunidade Europeia do Carvão e Aço, conhecida como CECA, que tinha por finalidade a criação de estruturas supranacionais de caráter federativo com poderes para a gestão de certas questões relacionadas à energia e matéria-prima, acima dos Es-

estabelecer uma nova ordem jurídica, autônoma, com finalidades específicas e aplicação imediata, que concorrem com o âmbito de atuação normativa dos Estados-membros. Os tratados comunitários são distintos dos tratados clássicos do Direito Internacional Público, pois estes não possuem aplicação imediata aos Estados signatários, nem direta sobre seus cidadãos, nem se reconhece sua supremacia sobre as normas de direito interno. Todo este processo de desenvolvimento está intimamente relacionado com a própria questão da supranacionalidade.

Portanto, diante desse contexto histórico, a formação de uma comunidade de Estados sul-americanos é, juridicamente, possível mediante a existência prévia de regras jurídicas comuns aos Estados-Membros, que se fará através da criação de uma estrutura paralela aos Estados para o funcionamento e desenvolvimento desta supranacionalidade, com competências legislativas, executivas e jurisdicionais autônomas, independentes, exclusivas, imperativas.

O MERCOSUL[4] ainda não representa o tipo de comunidade de Estados desejada, talvez porque não nos tenha sido imposta uma necessidade de sobrevivência e cooperação tão incisiva quanto àquela aplicada à Europa. Nos Estados da América do Sul, a intergovernabilidade é uma prática vigente, num processo de integração destinado ao aperfeiçoamento e a tentativa de otimização de ganhos comerciais e produtivos, através de intercâmbios de bens, serviços e pessoas.

tados Soberanos. Este foi o primeiro tratado internacional de direito comunitário firmado na Europa.

4 O Mercado Comum do Sul, ou **MERCOSUL**, é um bloco econômico que foi formado por Brasil, Argentina, Paraguai e Uruguai. Outros países podem fazer parte das negociações do bloco, mas são considerados apenas como associados. Estes são Bolívia, Chile, Peru, Colômbia e Equador. A Venezuela ingressou no grupo em 2006. E o México permanece como estado observador. Criado em 1991 com a assinatura do Tratado de Assunção (no Paraguai) o MERCOSUL busca garantir a livre circulação de bens, serviços e fatores produtivos entre os países membros, através da eliminação de barreiras alfandegárias e restrições não tarifárias à circulação de mercadorias e de qualquer outra medida de efeito equivalente.

Na verdade, não há um propósito claro de unificação, proteção ou manutenção entre os Estados sul-americanos via MERCOSUL. Há um proposto de estímulo comercial e produtivo, e, para isto, a sistemática intergovernamental é plenamente satisfatória, não deixando espaços para a supranacionalidade propriamente dita. Inicialmente, deve-se constatar a necessidade da realização de mudanças na estrutura de integração, alterando as competências comunitárias, buscando harmonizar a legislação e a elaborar políticas regulatórias comuns aos Estados-Membros, de modo a traçar as bases para a formação de uma comunidade de Estados sul-americanos.

Todavia, para se atingir este grau de reconhecimento de práticas supranacionais é fundamental que se tenha uma compreensão pormenorizada daquilo que a Europa inovou juridicamente, inclusive para se medir sua conveniência de incorporação futura aos demais sistemas, inclusive o MERCOSUL.

No âmbito sócio-jurídico, os países signatários do tratado deverão acordar em transferir capacidades e competências para a organização, criando um verdadeiro aparato jurídico supranacional, com personalidade jurídica própria, órgãos, Alta Autoridade, Assembleia Comum, Conselho de Ministros, Tribunal de Justiça e de Contas. Bem como precisarão abdicar de parcela de sua soberania para a criação de uma instituição comunitária, com autoridade independente e autônoma, própria, para reger as relações decorrentes da especificidade do tratado firmado entre os membros.

No âmbito político, de modo a propiciar tal desiderato, será fundamental alterar a necessidade de unanimidade no processo decisório das políticas comunitárias, incluindo-se os acolhimentos de maiorias qualificadas de votos. Isto representará significativos avanços no sistema comunitário.

Do ponto de vista prático, esta nova dimensão à integração deverá preocupar-se com a formulação de bases jurídicas para a estruturação de uma moeda única e cidadania sul-americana, tendo como elementos estruturantes assuntos eminentemente comunitários, como a manutenção e reafirmação das Comunidades sul-americanas anteriormente criadas.

Assuntos de domínio exclusivo da política interna dos Estados-membros serão comunitarizados, fixando premissas de cooperação em assuntos de política externa e segurança (PESC – Política Exterior e de Segurança Comum) e no âmbito Judiciário (CPJ – Cooperação Policial e Judicial), de modo a resguardar os princípios da liberdade, segurança e justiça. Semelhante à União Europeia, temas como agricultura, pesca e política comercial serão transferidos de competências para a comunidade de Estados sul-americanos, ao passo que assuntos como educação, saúde e cultura, serão mantidos perante a autonomia dos Estados-membros.

Além disso, a comunidade de Estados sul-americanos deverá criar um espaço de liberdade, de segurança e de justiça, coletivizando a cooperação judicial civil, incorporando os princípios democráticos e aperfeiçoando as competências administrativas dos estados-membros com base numa Carta de Direitos Fundamentais.

Evidentemente que, mesmo cientes de que o processo de integração em desenvolvimento no MERCOSUL não contempla os elementos comunitários, servindo-se das tradicionais normas e métodos de Direito Internacional Público, através da intergovernabilidade, para buscar a ultimação de seus objetivos, acreditamos que a formação de uma comunidade de Estados sul-americanos é, juridicamente, possível. Esta diferença de métodos necessita ser analisada, inclusive para que se possa compreender sua possível futura adoção como alternativa para a sobrevivência e propulsão da integração sul-americana.

A jurisprudência comunitária tem sido responsável pelo próprio sucesso da empreitada europeia e, nas devidas proporções, pode vir a ser dos Estados sul-americanos. Ao analisarmos os princípios do Direito Comunitário verificamos que boa parte deles é fruto dos acórdãos proferidos pelo Tribunal de Justiça. Nesse sentido, Fonseca[5] (1999, p. 68) afirma que:

> (...) às características originárias, subsumidas da interpretação literal do Tratado de Roma e de seus complementos institucionais, têm-se somado aquelas que forjadas na jurisprudência luxemburguesa apresentam-se como *sine quibus non* à efetividade da integração con-

5 Fonseca, 1999, p. 68.

> tida no projeto europeu, a saber: a primazia do direito comunitário sobre os ordenamentos jurídicos internos e o seu efeito direto, sem os mecanismos de incorporação aos direitos estatais.

Na prática, o Direito Comunitário tenderá a obrigar, automaticamente, os cidadãos sul-americanos, como fez com os europeus, sem que seja necessário qualquer procedimento de ratificação ou validação interna por parte dos Estados membros. A inexistência de referência nas Cartas Magnas dos Estados membros sobre a hierarquia das normas não impede que o efeito direto seja observado.

Como analisado, o processo de integração há muito tempo vem sendo questionado diante do seu expressivo "déficit" democrático. Tal situação ocorre porque os seus membros não são eleitos diretamente pela população e também diante do fato de que há certa distância entre os avanços jurídicos, econômicos e institucionais e as populações regionais.

Nesse passo, o ideal a ser atingido passa a ser fundamentado no ideal de cooperação entre os Estados e a proteção da pessoa humana, independente de culturalismos e de regionalismos. Portanto, busca-se uma cidadania única baseada em uma identidade coletiva regional baseada no respeito ao pluralismo, ao multiculturalismo e a democracia. Sendo necessário a consolidação da legitimidade de convivência dessa pluralidade, respeitando os regionalismos e quebrando as barreiras da intolerância diante de práticas racistas e xenófobas.

Uma Constituição comum representaria um meio para a construção de uma identidade coletiva pautada na valorização e integração civil e jurídica garantindo regras claras e comuns a todos, respeitando as diferenças culturais e regionais.

Assim, a integração dos países sul americanos representa uma grande oportunidade para o crescimento econômico e social do nosso continente, sendo necessário a integração das estruturas jurídicas dos países. Portanto, a integração não somente econômica e sim jurídica e social é o caminho para o completo desenvolvimento da América do Sul.

Assim, conclui-se que, a unidade sul americana depende da existência de uma constituição supranacional de modo a consolidar a integração regional.

REFERÊNCIAS BIBLIOGRÁFICAS

ADLER, Emmanuel. **O construtivismo no estudo das relações internacionais**. Lua Nova, 1999.

AGUADO, Juventino de Castro. As Novas Formas do Estado e do Direito em Tempos de Pós-Modernidade (Estado Constitucional - Uma Visão Sócio-Jurídica do Poder) Texto publicado na Revista Nacional de Direito e Jurisprudência, n.° 81, ano 7, Setembro/2006.

BAPTISTA, Luiz Olavo. **As Soluções de Divergências no Mercosul,** in Mercosul, seus efeitos jurídicos, econômicos e políticos nos Estados Membros, Porto Alegre, Livraria do Advogado, 1996

BRAGA, Marcelo Pupe. Direito internacional. São Paulo: Forense, 2009.

CANOTILHO, José Joaquim Gomes. **Direito Constitucional**. 4. ed. Coimbra: Livraria Almedina, 2001.

CARDOSO, Fernando Henrique. O Brasil e uma nova América do Sul. *Valor Econômico*, 30 de ago 2000.

Cervo, Amado Luiz. *Inserção Internacional: Formação dos Conceitos Brasileiros*. São Paulo: Saraiva, 2008.

Dalmo Dallar. Elementos de Teoria Geral do Estado, SP: Saraiva, 23ª edição, 2002

DREIFUSS, René Armand. A época das perplexidades: mundialização, globalização e planetarização. p. 241-242

ELAZAR, Daniel. Exploración del Federalismo. Barcelona: Hacer,

Eric John Earnest Hobsbawm, Tradução: José Viegas Filho, *Globalização, democracia e terrorismo*, 2007, Cia. das Letras.

Flemes, Daniel. **Notas teóricas sobre a formação de uma comunidade de segurança entre a Argentina, o Brasil e o Chile.** *Rev. Sociol. Polit.*, Jun 2005.

FONTOURA, Jorge. A Construção Jurisprudencial do Direito Comunitário Europeu. In: Revista de Ciência Jurídica e Social. Unipar, vol. 2, n. 1: jan/jul 1999

IANNI, Otávio. **Teorias da globalização.** Editora Record, 1995.

JACKSON, Robert; **SORENSEN**, Georg. **Introdução às relações internacionais** - Teorias e Abordagens. Rio de Janeiro: Jorge Zahar Editor, 2007.

Karl Deustsch apud **ADLER, Emmanuel. O construtivismo no estudo das relações internacionais**. Lua Nova, Nº 47, 1999

LAFER, Celso. *A identidade Internacional do Brasil e a política externa brasileira: passado, presente e futuro*. São Paulo: Perspectiva, 2001. p. 56.

Niklas Luhmann: A nova teoria dos sistemas. Org. C. E. Baeta Neves e E. M. Barbosa Samios. Porto Alegre, Ed.da Universidade / UFRGS, 1997.

NUNES JUNIOR, Amandino Teixeira. Parlamento do Mercosul – sobre a necessidade da definição de pressupostos da adoção de procedimentos para a sua criação. Rio de Janeiro: Lumen Juris, 2010.

OMMATI, José Emílio Medauar. *O desafio posto pelos direitos sociais no paradigma do Estado Democrático de Direito*. Ed. Del Rey, 2005.

OTERMIN, Jorge Perez. **El Mercado Comum del Sur**, in ALMEIDA, Elizabeth Accioly Pinto de

ONUF, Nicholas. **Intervention for the Common Good**. *IN*: LYONS, Gene M.; MASTANDUNO, Michael (Eds.). Beyond Westphalia. State Sovereignty and International Intervention. Baltimore: The Johns Hopkins University Press, 1995.

RAMOS, Rui Manoel Moura. O Mercosul e a União Européia, in ALMEIDA, Elizabeth Accioly Pindo de. Mercosul & União Européia. Curitiba, Juruá Ed, 1996.

SOARES, Mário Lúcio Quintão. Direitos fundamentais e direito comunitário. Belo Horizonte, 2000.

S **Miyamoto** - O Brasil no cenário internacional de defesa e Segurança, 2008, p. 106

TANNO, G.. Liga das Nações e segurança coletiva: duas perspectivas independentes de análise. In: Associação Brasileira para o Progresso da Ciência, 2000, Brasília, 2000., p. 67

Teixeira, Anderson Vichinkeski. Teoria pluriversalista do direito internacional. São Paulo: Editora WMF Martins Fontes: 2011

WENDT, Alexander. **Collective Identity formation and the International State**. The American political Science Review, 1994.

REVISTAS, PERIÓDICOS E ARTIGOS CIENTÍFICOS:

AGUADO, Juventino de Castro. *As Novas Formas do Estado e do Direito em Tempos de Pós-Modernidade (Estado Constitucional - Uma Visão Sócio-Jurídica do Poder)* Texto publicado na Revista Nacional de Direito e Jurisprudência, n.° 81, ano 7, Setembro/2006.

BARROSO, Luís Roberto. *Neoconstitucionalismo e constitucionalização do direito (O triunfo tardio do direito constitucional no Brasil)*. Revista de Direito Constitucional e Internacional, Ano 15, n.° 58, jan.-mar./2007, Ed. Revista dos Tribunais. p. 129/173.

Bolívar to Antonio José de Sucre (1826) in Bolívar, Simon, Vicente Lecuna and Harold A. Bierck (1951). *Selected Writings of Bolívar*. New York: Colonial Press, 590-592, 633-634. OCLC 8633466

Bruno Márcio Patrício Montenegro , Mestrando em Relações Internacionais pelo Programa San Tiago Dantas (UNESP,PUC-SP, UNICAMP).Bacharel em Relações Internacionais.

Chasteen, John Charles (2008). *Americanos: Latin America's Struggle for Independence*. Oxford University Press, 160-161. ISBN 978-0-19-517881-4.

DEUTSCH, Karl. **The Political Science Reviewer.**

FONTOURA, Jorge. A Construção Jurisprudencial do Direito Comunitário Europeu. In: Revista de Ciência Jurídica e Social. Unipar, vol. 2, n. 1: jan/jul 1999, p. 68.

HÄBERLE, Peter. *Novos Horizontes e Novos Desafios do Constitucionalismo.* Revista Latino-Americana de Estudos Constitucionais, Ed. Del Rey, Belo Horizonte 2007, p. 01/25.

HABERMAS, Jürgen. O Estado-nação europeu frente aos desafios da globalização. O passado e futuro da soberania e da cidadania. Antônio Sérgio Rocha (trad.). Novos Estudos, CEBRAP, n. 43, novembro 1995, p. 88.

JAMESON, Fredric. Globalização e estratégia política. Publicado originalmente em New Left Review, n. 4 (segunda edição), julho-agosto de 2000 e traduzido por Heloísa Buarque de Almeida em novembro de 2001.

Miranda, Francisco de. "Proyectos constitucionales de Miranda" in Rudolfo Cortés, Santos (ed.) (1960). *Antología documental de Venezuela, 1492-1900: Materiales para la enseñanza de la historia de Venezuela.* Caracas, 163 OCLC 569544.

Rômulo Silva Cunha. Artigo científico - A Constituição num mundo globalizado.

Schmitter, Phillip C. (1964). *Mexico and Latin American Economic Integration.* California: Institute of International Studies.

CITAÇÕES:

Immanuel Maurice Wallerste ***in*** Nova Iorque, 28 de setembro de 1930, é um sociólogo estadunidense, mais conhecido pela sua contribuição fundadora para a teoria do sistema-mundo

JAMES MONROE, presidente estadunidense que, em dezembro de 1823, junto ao congresso de seu país defendeu "a América par aos americanos".

Juan Domingo Perón Presidente argentino por três vezes, ingressou n avida pública daquele país em 1945.

Lília de Sousa Nogueira Filomeno Moraes **PODER CONSTITUINTE SUPRANACIONAL**

Max Weber foi um importante sociólogo, jurista, historiador e economista alemão. Weber é considerado um dos fundadores do estudo sociológico moderno.

Simón José Antonio de la Santísima Trinidad Bolívar y Palacios Ponte y Blanco (24 July 1783 - 17 December 1830.

Theotonio dos Santos em seu blog. O autor é professor emérito da UFF. Professor visitante nacional sênior da UFRJ. Presidente da cátedra UNESCO/ UNU sobre economia global e desenvolvimento sustentável.

TUPAC AMARU I (Nasceu em 1545 - morto em 1572) foi o último líder indígena do povo inca da época da conquista espanhola.

ZUMBI DOS PALMARES. Símbolo da resistência e luta contra a escravidão. Zumbi dos Palmares nasceu no estado de Alagoas no ano de 1655. Foi um dos principais representantes da resistência negra à escravidão na época do Brasil Colonial.

Este livro foi impresso nas oficinas gráficas da Editora Vozes Ltda.,
Rua Frei Luís, 100 – Petrópolis, RJ.